Ⓢ新潮新書

瀬戸晴海
SETO Haruumi

スマホで薬物を買う子どもたち

957

新潮社

はじめに――ネットで激変、薬物事情の今

芸能人が薬物事件で逮捕されると、〈またもや発覚した芸能界の薬物汚染！〉などと大々的に報じられます。では、芸能界の薬物汚染は、過去に比べて深刻化しているのでしょうか。私は「さほどでもない」と見ています。問題なのは芸能界ではなく、むしろ、社会全体に広く、そして深く、薬物が蔓延しつつあることです。

ここ数年を振り返っても、官僚、教員、警察官、自衛官、海上保安官、少年院教官、薬物乱用防止講師、消防士、大学教授、医師、歯科医師、看護師、薬剤師、記者、スポーツ選手など、どう考えても薬物と縁もゆかりもなさそうな、それどころか一般人以上に高潔性が求められる職業の人たちが、覚醒剤、ＭＤＭＡ、コカイン、大麻に手を出して検挙されています。さらに、増加の一途を辿っているのが、大学生や高校生、中学生を含む〝子どもたち〟の検挙です。なぜこうした状況が起きてしまったのか。ひと言でいえば、〈薬物が凄まじい勢いで身近に迫っていること〉、そして、〈若者を中心に多く

の人々の薬物に対する危機意識が著しく低下していること〉。この二点が大きな要因であると分析できます。

私は大学を卒業後、1980年に厚生省麻薬取締官事務所（現・厚生労働省麻薬取締部）に採用され、大阪や東京を舞台に組織犯罪捜査に従事するほか、アジアを中心に情報収集活動に携わってきました。その間、横浜分室長を皮切りに、沖縄支所長、中国・四国部長、九州部長を経て、2014年に麻薬取締部の実質上の本部である関東信越厚生局麻薬取締部の部長に就き、18年3月に退官。現在は、国際麻薬情報フォーラム、日本薬物問題研究所で薬物問題の調査研究に従事しています。これまで40年以上にわたって薬物対策に携わってきた私としても、日増しに深刻の度合いを深めるわが国の薬物状況には危機感を禁じ得ません。

端的に申し上げると、いまはスマートフォン（以下、スマホ）さえあれば、インターネット上で、多種多様な薬物情報を難なく得ることができ、たとえ中学生であっても実際に薬物を入手することが可能です。ツイッターをはじめ、インスタグラムやタンブラーなどのSNSには、常に覚醒剤や大麻の販売広告が溢れ、〈安全安心！　ただいまキャンペーン中！　いまなら野菜（大麻）1g（グラム）をプレゼント！〉といった通販サイトのような宣伝文句が堂々と投稿されています。これに踊らされた警戒心の薄い若者たちが、軽い気持ちで薬物に手を出してしまうわけです。いま、子どもたちのスマホのなかに、どのような世界が広がっているのか――。第1章ではその実態を取り上げています。

2020年の薬物事犯の検挙者数は、過去10年で最多の1万4567人に達しました。そのなかでも「大麻」を巡る犯罪は激増しており、なんと過去最高の5260人。そのうち30歳未満が3511人にのぼり、さらに言えば、中学・高校生を含む少年だけで899人と驚くべき数字となっています。もはや、日本に「大麻乱用期」が到来していると述べても過言ではありません。

国連薬物・犯罪事務所（UNODC）は18年、全世界の〈約2億6900万人が何らかの薬物を使用している〉と推計しています。一方で、カナダやウルグアイ、アメリカの一部の州では、様々な事情から嗜好用大麻の合法化に踏み切りました。こうした国や地域では、成人に限って大麻の使用や一定量の所持が認められています。ただ、「合法化＝自由化」でも、「合法化＝安全」でもありません。大麻に含まれる幻覚成分「THC（テトラヒドロカンナビノール）」を摂取すると、リラックス感を覚える一方で、急性作用により、パニック発作や短期の記憶障害に襲われることがあります。常用すれば認知機能に障害を及ぼし、依存症に陥ることも珍しくない。THCによって大脳皮質の神経回路に破綻をきたす事実も発見されており、成長期の子どもが摂取すると脳の発達に障害が生じる危険性が指摘されます。大麻を合法化したカナダや、アメリカのコロラド州などでは大麻使用者による交通事故が増加。大麻を使用した子どもたちが救急搬送される健康被害も現に発生しています。「なんとしても子どもたちの大麻使用を防がなければ」と各国の当局者は躍起になっています。いま、まさに世界的な議論を呼んでいる大麻を巡る諸問題については第7章で詳述したいと考えています。

他方、アメリカなどでは新たに登場した薬物によって夥《おびただ》しい数の人命が失われています。その代表格がオピオイドです。オピオイドはヘロインやモルヒネと同じく〝ケシ〟から採取される、「あへんアルカロイド系麻薬（化学合成したものも含む）」の総称です。アメリカでは17年10月に、オピオイド問題の爆発的な拡大を受けて、当時のトランプ大統領が「公衆衛生上の非常事態」を宣言しました。それでも19年には、オピオイド等の過剰摂取が原因となり、アメリカだけで約7万人が亡くなっています。さらに、新型コロナの影響による孤独や不安感から、薬物乱用者の摂取回数・量が増加した2020年には9万3331人、21年には過去最高となる10万7622人もの命が奪われました。薬物大国・アメリカといえども、前代未聞の事態と言えます。オピオイドの一種に「フェンタニル」という強烈な鎮静作用を持つ麻薬があり、その強度は〝モルヒネの約100倍〟とも言われます。ちなみに、16年に逝去した歌手のプリンスの死因もフェンタニルの過剰摂取と報じられました。フェンタニルは貼り薬（経皮投与）や皮下注射で使用することも可能で、速効性があるため、有用な医療用麻薬として用いられています。ところが、これが密造され、乱用され続けているのです。〈ヘロインは死ぬかも。フェンタニルは死ぬ〉と囁かれるほど危険な麻薬ですが、それでも乱用者はフェンタニルを摂取し続けます。

なぜ乱用者は、薬物を摂取し続けてしまうのか？　その理由は「依存症」です。彼らは生きて行くために使わざるを得ないのです。薬物乱用を続けると個人差はあるにせよ、「薬物が欲しくてたまらない、止《や》めたくても止められない」という依存症に陥ります。これは脳が薬物に支配されている状態で、一朝一夕には回復しません。10年、20年と依存症で苦しみ続ける人は相当数にのぼります。依存症は〝慢性病〟であり、回復には治療と地道なリハビリが不可欠です。使用をやめた瞬間に「はい、元どおり」とはいかない。この点は是非とも理解してほしいところです。

薬物に依存した状態で乱用を繰り返すと慢性中毒が生じます。覚醒剤を例に挙げれば、激しい幻覚・妄想に襲われ、なかには悲惨な通り魔事件に至ることもあります。「やられる前にやってしまえ!」という強烈な幻聴に悩まされて凶行に及んでしまう。事件の加害者は脳に異常をきたした「覚醒剤の被害者」と呼べます。しかし、被害者転じて加害者となり、罪のない人の命を奪ってしまうことがあるわけです。たとえば、危険ドラッグが蔓延した際には、吸引直後の急性中毒(突発的な症状)で錯乱し、他人や自分を刺傷したり、身体が硬直したまま運転して重大な暴走事故を起こすなど、悲惨な事件・事故が何度となく繰り返されました。もちろん、吸引直後に即死した人も大勢います。

重篤な依存症に陥った人間は何よりも薬物を欲するため、薬物は常に「売り手市場」の商品となります。そして、薬物犯罪組織や密売人は、手を替え品を替え様々な薬物を市場に送り込み、使用者の身体・精神を蝕みながら暴利を貪っている。これが薬物犯罪の真の構図です。混同されがちな「乱用・依存・中毒」の意味と、関係性については第5章で解説します。

ここで改めて、日本の薬物乱用・犯罪について概説すると、その歴史は1945年の終戦に始まります。

混乱した社会情勢のなか、日本軍や製薬会社が抱えていた大量の「覚醒剤」が流出しました。国内ではすでに「ヒロポン」等の商品名で倦怠・眠気除去剤として市販されていたこともあり、一気に拡散して行きます。密造品も出回り、多くの乱用者が生まれ、中毒者による悲惨な事件・事故が相次ぎ、「ヒロポンは国を滅ぼす」と言われるほど大きな社会問題となりました。

終戦から10年が経過した55年頃には、今度は覚醒剤とは反対に、強烈な鎮静作用を持つ麻薬「ヘロイン」の流行が始まります。退薬症状（禁断症状）に苦しむ多くの人々がヘロインを求めて路上を彷徨《さまよ》うといった前代未聞の事態に陥りました。同時に、「ハイミナール（睡眠薬の商品名）遊び」という睡眠薬の乱用も社会問題となり、60年代後半にはシンナーなどの有機溶剤の吸引が若者の間で爆発的な広がりを見せます。

その後、70年代に入って再燃したのは「覚醒剤」の乱用でした。高度成長期の只中で一部の暴力団が新たな「しのぎ（資金獲得手段）」のため、海外から覚醒剤を密輸して組織的な密売を始めたのです。私が厚生省の麻薬取締官に採用された80年代は、まさに暴力団の最盛期。彼らが取り仕切る密売所が街中に乱立し、覚醒剤事犯で毎年2万人以上が検挙されていました。中毒者による無差別殺人事件も頻発するなど、実に凄惨な「覚醒剤乱用」時代でした。

90年代に入ると、グローバル化の影響からイラン人をはじめとする外国人薬物密売グループが雨後《うご》の筍《たけのこ》の如く次々と出現し、大都市圏で多種多剤の密売を始めます。90年代後半にはインターネットの進化と呼応するかのように、ネットを媒体とした薬物密売買が本格化します。加えて2012年頃からは、法の網の目を掻《か》い潜《くぐ》って、〝猛毒〟危険ドラッグ（未規制の薬物＝脱法・合法ドラッグ）が街頭店舗で堂々と販売されるようになり、死傷者が続出しました。

そして、現在――。ネット社会の拡大と、スマホの爆発的な普及に伴って、誰もがどこからでも、易々と薬物を購入できる新しい時代が到来しています。一部の若者はお酒を飲む程度の軽い感覚で大麻に手を出します。それのみならず、クラブに繰り出すときにはMDMA、身体をシャキッとさせたいときには覚醒剤やコカインと、多剤を乱用する者も珍しくありません。また、素人が密売人になることも特殊なケースではなくなり、「密売の自由化」が始まっていると言えます。先進国のなかで最も薬物乱用の少ない「奇跡の国」と呼ばれた日本は、いま大きな曲がり角に差し掛かっている。つまり、薬物乱用の「欧米化」が凄まじい勢いで加速しているのです。また、違法薬物とは別の問題として、SNSで知り合った女性を言葉巧みに誘い出し、睡眠薬を飲ませてレイプするといった言語道断な事件も後を絶ちません。第2章、第3章、第4章では、子どもたちが巻き込まれた薬物事件についてレポートしています。

私は、薬学部で麻薬の作用や乱用による弊害を学んできました。しかし、実際に麻薬取締官になって目にした現実は大違いで、「ここまで酷《ひど》いのか……」と唖然とすることばかりでした。約40年にわたる麻薬取締官人生を振り返ると、海外での情報工作や、長期を要した危険な難事件捜査を思い出します。ただ、それよりも鮮明に脳裏に刻まれているのは、果てしない苦しみと向き合う薬物依存者の嘆きと、一部の中毒者が引き起こした凄惨な事件の〝その後〟です。薬物乱用者が事件を起こせば、当然ながら、罪のない被害者やその家族は地獄のような日々を強いられます。同時に、加害者やその家族も苦しみを逃れることはできません。

さらに、薬物問題は、健康問題であると同時に規範問題でもあります。より大きく捉えれば社会問題であり、国際問題です。麻薬類は医療に欠かせないものですが、これが横流しされ、密造されれば、多様な犯罪の引き金となって社会全体に計り知れない危害をもたらします。誰もがいつでも「感染」する危険性があるのです。

それでは、どのようにして薬物の魔の手から自分や家族を守ればいいのでしょうか。

残念ながら特効薬はありません。結論を先に述べるとすれば、〈手を出さない。供給させない。使用してしまった人には直ちに治療を施して社会復帰を支援する〉という点に辿り着きます。重要な問題はどれだけ薬物乱用防止教育を強化しても、取り締まりを強化しても「必ず乱用者は生まれる」ことにあります。人間も法律も社会も完璧ではありません。その隙間に薬物は忍び込んでくるのです。まずは薬物を巡る現状を正しく知り、その問題の本質を把握し、誤解を解きつつ危機感を高めることが必要になります。これが最低限の「ワクチン」になると私は考えています。

本書では薬物問題を多面的に捉え、ネット問題や私が関わったさまざまなエピソードを交えつつ、また、重要な課題は質疑応答形式にして可能な限り分かりやすく解説します。ショッキングな事案も多く登場しますが、これは、読者の皆さんに薬物蔓延の「現実」を知ってほしいと考えているからです。本書を通じて薬物問題への理解と関心を少しでも深め、子どもさんたちを、そしてご自身を守ってください。

スマホで薬物を買う子どもたち……目次

第1章　スマホとクスリ――SNSでは毎日が「薬物」特売セール

SNSの普及がもたらした「密売革命」

皆さんは「野菜」「サラダ」「クサ（草）」「88」と聞いて、何を思い浮かべるでしょうか。実は、これらは全てマリファナ、つまり大麻の隠語です。同様に「アイス」「氷」「エス」といえば覚醒剤を指します。

こうした隠語をネット上で検索すると、「ツイッター（Twitter）」をはじめとするSNSや、5ちゃんねる、FC2といった掲示板に次々と薬物販売広告（投稿）が現れます。そして、スマホを手にする誰もが、ネットショッピングと変わらないほど簡単に薬物を購入できてしまう。いまの日本は、大学生や高校生はおろか、中学生でもその気になれば薬物を入手できる環境が整っているわけです。

多くの場合、密売人たちは〈野菜、インポート、色々あります。値下げ中〉といった書き込みで客を誘います。さらに、堂々と〝ブツ〟の写真をアップしてバラエティ豊富な品揃えを誇示するケースや、〈プレゼント企画中〉〈拡散してくれた方に1gプレゼント〉といったとんでもない誘客広告を見かけることもしばしば。その一方で密売人は売買の痕跡を残さないよう、ツイッターなどのSNSで釣り上げた客を「テレグラム（Telegram）」や「ウィッカーミー（Wickr Me、以下ウィッカー）」といった通信記録を消去できる、無料の秘匿メッセージアプリ（以下、秘匿アプリ）に誘導します。いわば〝密室〟状態のなかで注文を受け付けて、受け渡しの方法を決めているのです。

こうした手口は日々巧妙化し、事態は深刻化の一途を辿っています。もしご家族に若い方がいらっしゃる方は、一度ネットで検索してみてください。ツイッターなどの画面に数多くの隠語や絵文字が並び、覚醒剤、大麻、コカイン、MDMAをはじめ、多種多様な薬物が公然と販売される野放図な現状を突きつけられるでしょう。当然ながら、親世代よりネット知識に通じ、SNSを日常的に活用する、好奇心旺盛な子どもたちも同じ画面を目にしています。

私は1980年から40年近く麻薬取締官としてのキャリアを歩んできました。その大半の期間で課題となっていたのはネットでの薬物密売でした。

1990年代後半にOS「Windows」に電子メール機能が標準搭載されると、ビジネスの現場だけでなく、一般家庭においてもメールでのやりとりが急速に普及し始めます。99年にはNTTドコモの携帯電話向けネットサービス「iモード」が登場し、時を同じくしてフリーメールサービスも相次いで世に出ます。これほど魅力的な「商売道具」を、海千山千の密売人たちが見逃すわけがありません。ネットを媒介すればこれまで以上に販路を拡大することができ、また、対面することなく購入希望者と事前の交渉ができるわけです。彼らはただちに反応を示し、新たなビジネスに乗り出しました。それがネットを利用した新たな薬物密売です。

具体的に言うと、たとえば、現在の「5ちゃんねる」の前身である「2ちゃんねる」の掲示板に〈極上アイスあります。03＝10000〉などと隠語化した販売広告を載せ、これを見た客がメールや携帯電話から注文する。指定口座に代金を振り込んで郵送、あるいは直接会ってブツを受け取る——。こうした売買手口が確立されるまでに長い時間を要しませんでした。手元の機器をいじるだけの手軽さに加え、密売人との接触機会が減ったことで、違法な薬物を入手することへの心理的なハードルも下がりました。ネットの普及が若者と薬物の距離を急速に縮めたことは間違いありません。

さらに、IT技術の進化によって、ネット密売は巧妙さを増します。「iPhone」が発売された2007年以降になると、〝販売広告〟の掲載先は、短文投稿制でリアルタイム性と情報拡散能力が特徴である「ツイッター」が主流となり、密売人と客の通信には「テレグラム」や「ウィッカー」など秘匿性の高いアプリが用いられ始めます。それはSNSの普及がもたらした「密売革命」とでも呼ぶべき現象でした。

最近では海外のサーバーにホームページを開設して、そこで大っぴらに薬物の販売広告を公開するだけでなく、客との代金決済にはビットコインをはじめとする仮想通貨を利用し、1年で数千万円を荒稼ぎする大規模密売グループも存在しています。ただ、10～20代の若者にとって最も危険なのは、やはりツイッターでの密売に他なりません。

現在、スマホの利用率は、10代・20代で99％、30代・40代でも9割以上とされています（2021年、NTTドコモ「モバイル社会研究所」調査）。これを見ても若者たちにとってスマホはもはや生活必需品。また、仕事や災害現場でも有効活用され、私たちの生活に欠かせないツールとなっています。スマホ1台あれば、SNSを通じて多くの人と繋がることもできます。それどころか、多くの若者はSNSを使って友人との親交を保っているわけで、まさに人間関係の中心にスマホがあります。そうしたなか、仲の良い友人や先輩など、親しみのある人物のSNS上に、公然と薬物販売広告が載っていたらどうでしょうか。社会経験や薬物に対する基本的な知識に乏しい子どもたちは、とりわけ罪悪感や危機感を覚えることもなく、知らず知らずのうちに密売業者の餌食になってしまうわけです。

隠語を駆使するネット密売の実態

それではネットにおける密売の実態について、いくつか分かりやすい写真（一部加工済み）をお見せしながら解説しましょう。まずは23頁の写真をご覧ください。

これはツイッター上に掲載された、オーソドックスな大麻の販売広告です。「野菜・手押し」で検索すると、こういった広告が無数に登場します。先頭に「#（ハッシュタグ）」を付けて検索するとよりピンポイントで広告にたどり着きます。まずは、このメッセージを読み解いてみましょう。

一見して分かるのは、投稿されたメッセージのなかに、「大麻」や「マリファナ」という直接的な表現が存在しないことです。ご覧の通り、すべて隠語で記されています。最上段の〈smoke ◯◯〉は、この業者のアカウント名（出品者名）。その下に〈テレグラムまでお願いします〉とあります。続いて、テレグラムのＩＤ〈ID@smoke……〉が記されている。最近では、あえてテレグラムという言葉も使わずに、ＩＤのみ付記する場合もあります。後述しますが、こうした取引において秘匿性の高いアプリでやり取りすることはすでに常識となっており、薬物売買に慣れた客はこのメッセージを見るだけですべてを理解できるわけです。

それ以降の内容について触れていきましょう。〈ストロベリー㌘〉とは大麻のブランド銘柄を指し、欧米のプロ栽培者（グロアー）によって品種改良された大麻の一種です。学術的に命名されたものではありませんが、大麻業界ではひとつの品種名として知れ渡っています。この「ストロベリー㌘」以外にも、大麻には「ブルーベリー」「オレンジクッシュ」「マスタークッシュ」「ハワイアントップ」「シルバーヘイズ」「スーパーレモンヘイズ」「ホワイトウィドウ」「パイナップル」「ゴリラグルー」「Ｍ３」「ＡＫ47」など、非常に多くの〝ブランド品〟が存在します。

こうしたブランド品は、いずれも、大麻草に含まれる幻覚成分「ＴＨＣ（テトラヒドロカンナビノール）」の含有濃度が高くなるよう改良されたもの。ただ、使用した際のリラックス感や陶酔感をもたらす効果には少しずつ違いがあるようです。喩えるなら、トマトや柑橘類の改良に近いでしょうか。農家ではより風味が良く、甘みや旨味の高いものが研究・開発されていますが、これは大麻の栽培においても同様なのです。

余談ですが、「AK47（エーケーフォーティーセブン）」という大麻の名称は、旧ソビエトの自動小銃「カラシニコフAK47」に由来するとされます。自動小銃の強烈な威力にあやかってネーミングされたと聞きますが、それだけ幻覚やリラックス効果が強い大麻ということでしょう。うまく名付けてはいるものの、よく考えれば恐ろしい名称です。

← ツイート
smoke[redacted]
@smoke[redacted]
t.me/smoke[redacted]
テレグラムまでお願いします
ID@smoke[redacted]
ストロベリーog
リキッドlong
罰ブルーベリー
大阪　手押し
野菜　手押し
リキッド　手押し
罰　手押し

さらに下に記載された〈リキッドlong〉というのは、近年、アメリカなどから頻繁に密輸される、精製した大麻オイルの別称です。カートリッジに充填されて販売され、電子パイプ（ヴェポライザー）で吸煙するのが一般的です。これは効き目が強烈な上、大麻特有の匂いもほとんどなく、それこそ、隣で吸煙されても一般的な電子タバコと判別がつかない厄介な代物です。「long」とあるのは、ロングカートリッジを販売しているという意味でしょう。

大麻オイルと似たものとして「ワックス」が挙げられます。皆さんも、自宅で鍋料理をする際や、キャンプでの調理に〝簡易コンロ〟を使うことがあると思います。そこで用いるカセットガスボンベに込められているのがブタンガスです。これを使用してTHCを濃縮したというものが「ワックス」と呼ばれます。「ワックス」は粘状で、精製度を上げれば蜂蜜色になるところから「ブタン・ハニー・オイル（BHO）」とも呼ばれます。

さらに、「エディブル（edible）マリファナ」と呼ばれる食用大麻もあり、チョコレート等の中に高濃度のTHCが混ぜられている。このチョコ1枚をたいらげると急性中毒で意識混濁してしまうほど危険なものです。

また、投稿メッセージには〈罰〉という言葉もあります。これはMDMA錠剤のこと。2019年に著名な女優がこれを所持していたことで逮捕されたのは記憶に新しいところかと思います。MDMAはエクスタシー、XTC、エックス、X、錠剤、タマ、モリー（粉末状でカプセル入りのもの）、バツ（Xをカタカナに読み替えて）、×（バツを記号に読み替えて）、罰（バツを漢字に読み替えて）などの隠語で呼ばれることが多く、ここでは「罰」が使われています。また、ＭＤＭＡには様々なブランドのロゴマークが（もちろん、無許可で）刻印され、その名称で呼ばれることも珍しくありません。たとえば〈〝三菱〟入荷しました〉との投稿があれば、「（スリーダイヤ）」のロゴが刻印されたＭＤＭＡを販売していることになります。ゲームのキャラクターが彫られることもあり、最近では「スーパーマリオ」シリーズに登場する人気キャラの「ワリオ」型のＭＤＭＡが出回っています。その横の〈ブルーベリー〉は先述したように、ブランド大麻のひとつ。そして、〈手押し〉は〝手渡し〟という意味で、地域を限定して配達・直取引が可能ということを示しています。

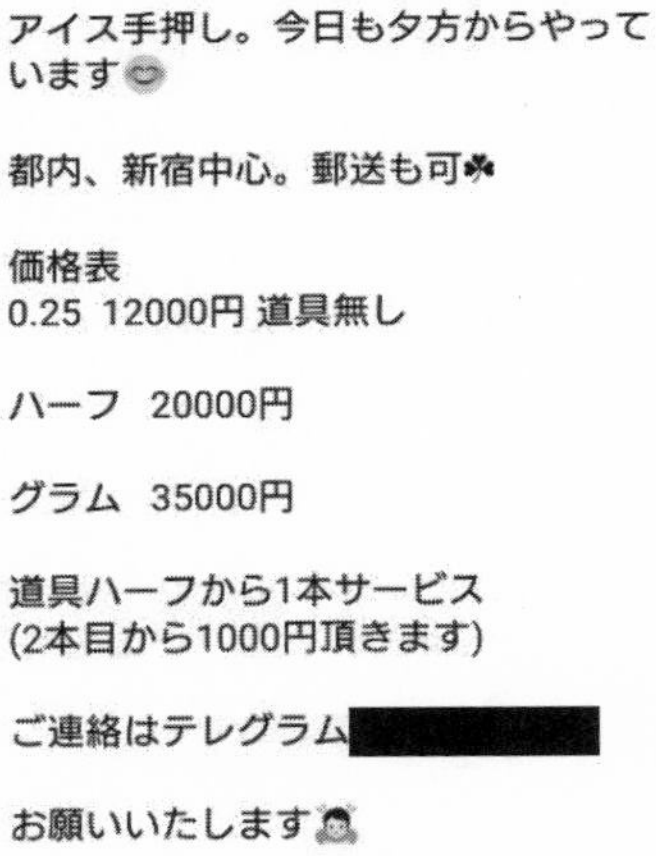
アイス手押し。今日も夕方からやっています
都内、新宿中心。郵送も可
価格表
0.25 12000円 道具無し
ハーフ 20000円
グラム 35000円
道具ハーフから1本サービス
(2本目から1000円頂きます)
ご連絡はテレグラム[redacted]
お願いいたします

　大麻ではなく、「覚醒剤」の販売広告では、上の写真のように、さきほど紹介した隠語の「アイス」が使われます。たとえば、〈グラム　35000円〉と書かれていれば「1グラムで3万5000円」、〈ハーフ　20000円〉なら「0・5グラムで2万円」を意味し

ます。〈道具ハーフから1本サービス（2本目から1000円頂きます）〉の場合は、〈0・5グラム購入の方には注射器1本サービスします。2本目からは1本1000円で販売します〉ということです。

覚醒剤の注射使用には、医療機器であるプラスチック製の使い捨て1cc用の注射器が使われます。これが卸ルートのなかで横流しされ、覚醒剤と一緒に1本1000円前後で販売されている。注射器を指す隠語は「道具」のほか、「ポンプ」や「p（ポンプのp）」といった隠語が使われます。〈都内、新宿中心〉などの地名は、〈配達（手押し）〉可能地域を指しています。〈郵送も可〉は読んで字の如しで、客に代金の振込口座を教えた後、入金を確認してから指定先にブツを郵送することもできるということです。

密売に用いられる口座は大半が借名口座（他人名義の口座）。郵便は局留めも可能で、宅配便の場合は営業所留めにも応じるはずです。

最新のトレンドは「絵文字」

次頁の写真に目を転じると、そこには様々な〝絵文字〟が並んでいます。これが最近のトレンドです。左端の「（アイスクリーム）」は覚醒剤。つまりは、「覚醒剤＝アイ

ス」の隠語にひっかけた絵文字なのです。それでは、その隣の「🚴（自転車）」が何を指すか分かりますか。自転車は俗に「チャリンコ」あるいは「チャリ」と呼ばれます。そして、ここで言う「チャリ」とはコカインの隠語。ハリウッド俳優のチャーリー・シーンがコカイン所持容疑で逮捕されたことに由来するとされます。要は、チャーリーからチャリという語呂合わせなのですが、本人が聞いたらショックを受けるかもしれません。

同じく、「👃（鼻）」もコカインの隠語です。コカインは鼻孔から吸引する〝スニッフィング〟が主流なので、この絵文字がシンボリックに使われているのでしょう。

また、「🌈（虹）」は、幻覚剤・LSDのこと。視界が極彩色のサイケデリックな世界に包まれることから虹の絵文字が用いられます。LSDは、その溶液を染み込ませた約6ミリ四方の紙片が流通しているため、「紙」という隠語も使われ、「📄（紙）」で表示されることもあります。その右横の「🥦（ブロッコリー）」は「野菜」の意味で、何度か触れた通り大麻を指します。たまに「八百屋」という単語も目にしますが、これは〝野菜を販売する業者〟、つまりは大麻の密売人です。

ＭＤＭＡ（錠剤）は、「❌（バツ）」が表示され、粉末型のＭＤＭＡは「💊（カプセル）」。大麻リキッドは、液体の入ったボトルを意味する「🧪（試験管）」や「🍯（蜜つぼ）」が使われます。「🍄（キノコ）」はマジックマッシュルーム（幻覚キノコ）で、注射器の場合はそのものズバリ「💉」をよく見かけます。

　このように、ネット上の隠語や絵文字は日々複雑化し、密売人との連絡にはほとんどの場合、テレグラムなどの秘匿アプリが使われます。私たち中高年にはとても解読できない記号でも、デジタルネイティブの若者たちは直ぐに理解してしまう。

　もう1枚、写真を紹介します。これは客からの投稿です。

〈8月31日に都内　千代田区辺りで、お野菜手押し出来る方探してます！〉〈都内で、信用高いｐさんいましたらご紹介くださいませ!!〉と書かれていますね。ここまでの内容をご理解頂いた読者の皆さんであれば、〈8月31日、千代田区内で大麻を手渡し（直取引）してくれる人を探しています〉〈都内で信用できる密売人さんを紹介してください〉という意味になることは容易に想像がつくはずです。「ｐさん」とはプッシャー

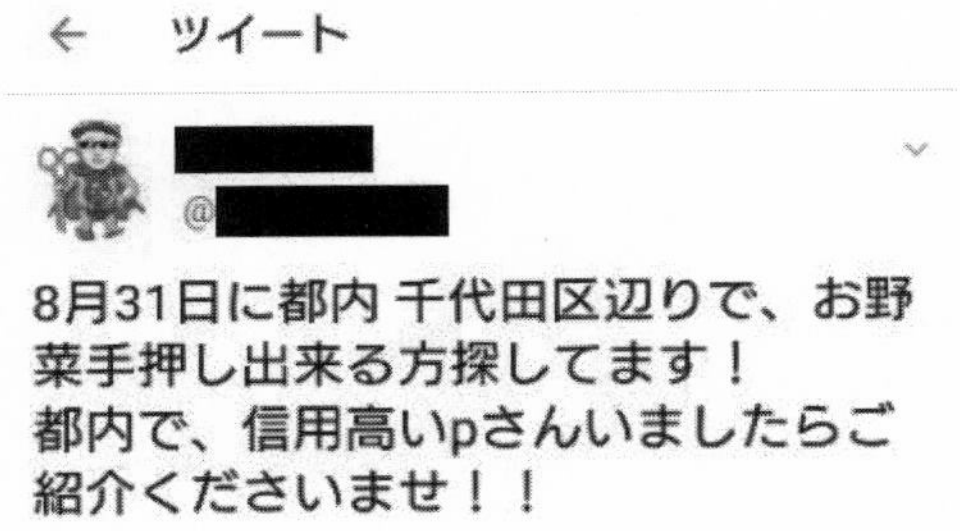
ツイート
[redacted]
@[redacted]
8月31日に都内 千代田区辺りで、お野菜手押し出来る方探してます！
都内で、信用高いpさんいましたらご紹介くださいませ！！

（pusher）、つまり密売人を指します。アメリカを筆頭に英語圏で使われるスラングで、『Pusher（麻薬密売人）』というタイトルの犯罪映画をご存知の方もいるかもしれません。

これ以外に、〈今、渋谷のモアイ像です、30分以内に罰と野菜、押していただけるpさんいませんか〉〈六本木にいます。チャリのpさん押してください〉〈業販（卸販売）押してくれる野菜のpさんいませんか。毎週金曜日１００ｇ引けます〉といった投稿も。「手押し」は略して「押し」とも呼ばれ、ツイッターをくまなくチェックしている密売人たちは、こうした書き込みを見つけては商売用の携帯電話の番号を伝えたり、テレグラムなどに誘導したりします。その後、客と商談を進めながら〝ブツ〟の配達に出向くわけです。携帯電話で連絡する場合、密売人たちが使用しているのは商売用の「とばし携帯（他人名義）」であることは言うまでもありません。

薬物の取引といえば、繁華街の路地裏に強面《こわもて》の売人がやってきて、辺りを気にしながらコソコソと取引するイメージが強いと思います。けれども実際には、どこにでもいる大学生のような若者が「どうも〜」といった感じでやってきます。「はい、どうぞ。それとこれ、サービスね。じゃ、またお願いしま〜す」。一方、客の側も現金を渡しながら「サンキュー、また頼むかも」と簡単な会話を交わすだけで取引は終了です。取引場所は駅前や、コンビニの駐車場など千差万別ですが、私たちが逮捕した密売人のなかには、麻薬取締部の斜向かいの路上で堂々と取引していた者もいました。

子どもが持つスマホのアプリは要確認

ツイッターで販売広告を見た、薬物に関心のある若者たちは、密売人と連絡をとるために無料の秘匿アプリ「テレグラム」をダウンロードします。このアプリに密売人のIDを入れれば一瞬で密売人とのホットラインが繋がります。そして、ブツを注文するとともに、取引方法などを決めるわけです。次頁の写真はテレグラムのチャット画面です。ブツの売買交渉の中身がよく分かると思います。

テレグラムは、ロシア出身の技術者が開発した無料のメッセージアプリ（コミュニケーションツール）で、LINEなどと比べてセキュリティが極めて強固です。現在はアラブ首長国連邦（UAE）にある団体が運営しているそうですが、チャット機能やダイレクトメッセージだけではなく、ファイル交換や音声通話機能も充実しているため、世界で数億人のユーザーがいるとされます。セキュリティが強固ということは、通信の秘密が確保されていることに他なりません。その上、高機能で無料となればメッセージアプリとして申し分がない。密売人はこの性能の高さを悪用して、取引に用いているわけです。

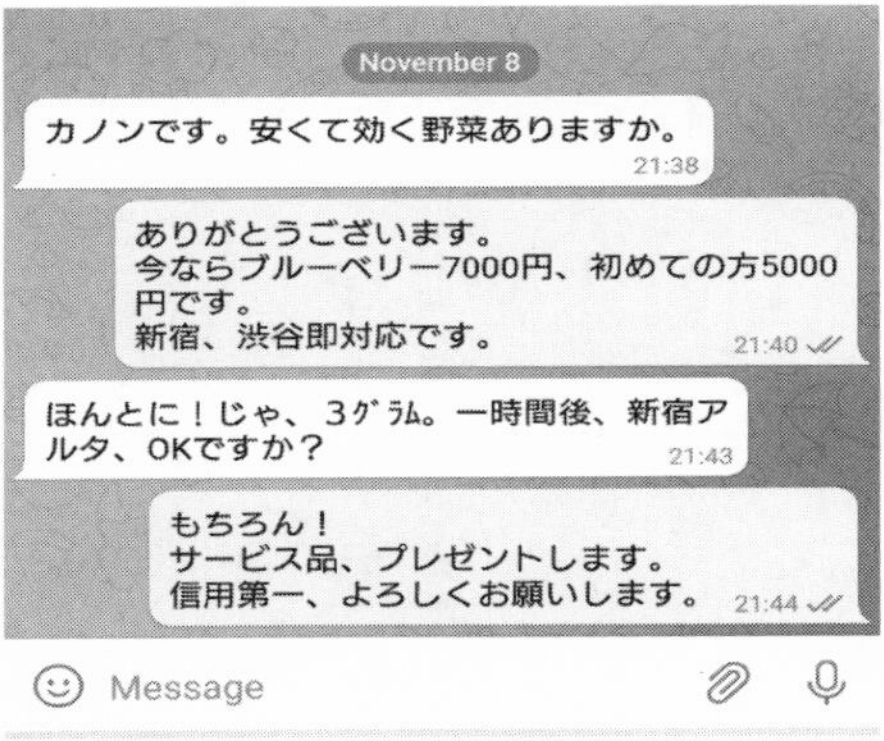
November 8
カノンです。安くて効く野菜ありますか。
21:38
ありがとうございます。
今ならブルーベリー7000円、初めての方5000円です。
新宿、渋谷即対応です。
21:40
ほんとに！じゃ、3ｸﾞﾗﾑ。一時間後、新宿アルタ、OKですか？
21:43
もちろん！
サービス品、プレゼントします。
信用第一、よろしくお願いします。
21:44
Message

テレグラムの代表的な機能に「シークレットチャット」があります。この機能を選択すると、送信元のメッセージを暗号化し、受信先でしか復元できないように加工する「暗号化通信」に切り替わってしまう。これを「E2EE（エンドツーエンド暗号化）」と呼び、こうなると運営側ですら通信内容を閲覧することができません。さらに、暗号化されたメッセージは第三者への転送も、スクリーンショット（モニター画面の全部または一部を画像化すること）を保存することもできません。それどころか、「自動消去タイマー」を設定することで、交信記録を自動消滅させることまで可能に。仮に密売人が「1時間後に自動消去」と設定したら、双方の交信記録は1時間で消え去ってしまうのです。

また、テレグラムには、自分のスマホに登録している相手のテレグラムIDを削除すると、相手のスマホに登録されているこちら側のIDや交信記録が全て削除される機能があります。そのため、薬物の密売人は関係者や客が逮捕されたことを知ると、身を守るために、まず自分のスマホに登録されている相手方のIDを削除する。密売グループ同士は音声通話機能でやり取りすることが多いのですが、これも電話でなく「ネット通話」なので捜査機関は通話履歴を把握できないという問題が生じています。

もうお分かりでしょう。テレグラムは、いわば「消えるチャット」で追跡捜査が困難になるので、密売側からすると最良の交信ツールというわけです。先述した「ウィッカー」も似たようなアプリですし、最近では「ワイヤー（Wire）」というアプリも使われます。いずれも機密性が高いことから、ポルノ情報のやり取りや浮気相手との交信に使われ、特殊詐欺グループなどの犯罪組織やテロ組織が情報交換に用いているとも言われます。

もちろん、アプリ自体を危険と言い切ることはできません。それこそ、企業が先端技術に関わる極秘情報を扱う際に、漏洩や流出を防ぐためにこうしたアプリを用いることは十分に想定できます。しかし、それほど秘匿性の高いアプリを、中学生や高校生が利用する必要はあるでしょうか。言うまでもなく、彼らがそんな機密を持ち合わせているとは思えません。

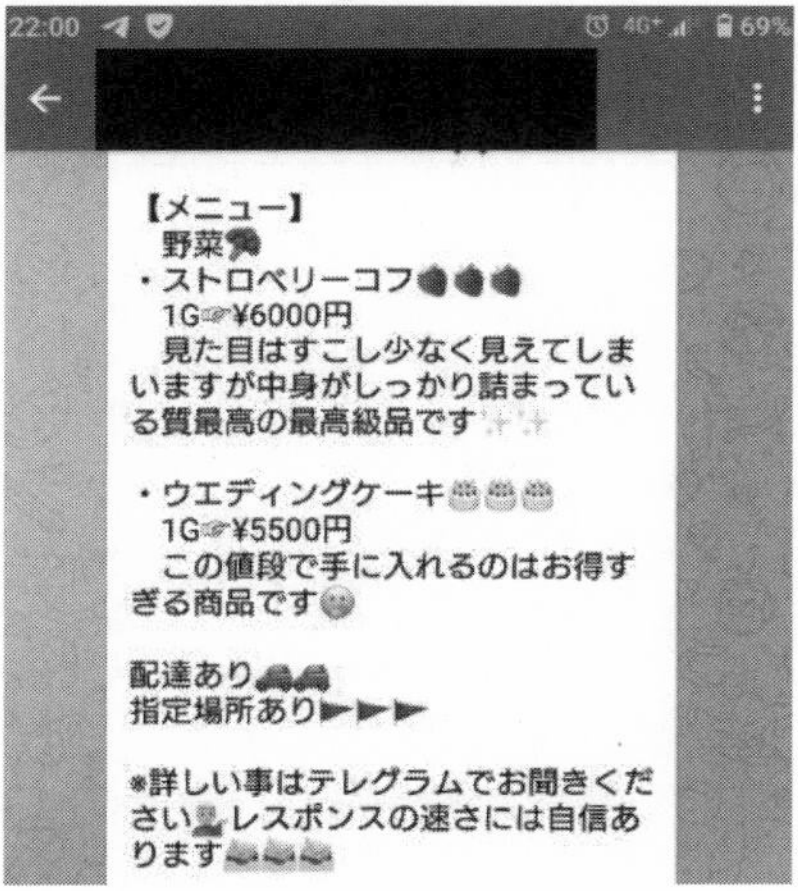
22:00
69%
[redacted]
【メニュー】
野菜
・ストロベリーコフ
1G☞¥6000円
見た目はすこし少なく見えてしまいますが中身がしっかり詰まっている質最高の最高級品です
・ウエディングケーキ
1G☞¥5500円
この値段で手に入れるのはお得すぎる商品です
配達あり
指定場所あり
※詳しい事はテレグラムでお聞きください
レスポンスの速さには自信あります

そして、テレグラムを巡ってはもう一点、注視すべき点が浮上しています。それは「テレグラムチャンネル」の存在です。上の写真をご覧頂ければ、ツイッターと同様の販売広告が、テレグラムにも掲載されていることが分かると思います。

２０２１年夏頃から、このテレグラムチャンネルでの薬物密売が確認されるようになり、22年に入って以降は、より顕著なものとなっています。ツイッターを舞台に薬物密売に手を染めていた者たちが、マトリ（麻薬取締官）をはじめとする捜査機関の監視から逃れるため、テレグラムチャンネルに販売広告を移行させているのです。

テレグラムチャンネルは、テレグラムの機能のひとつで、ユーザーが画像やメッセージをアップロードできる広告板を指します。作成するために必要な「テレグラムチャンネルＩＤ」は、テレグラムのＩＤさえ持っていれば容易に取得でき、また、テレグラムＩＤを持つ誰もがテレグラムチャンネルを閲覧可能です。

密売人はテレグラムチャンネルに掲載した情報のなかに、自分のテレグラムＩＤを記載しており、客側はそのＩＤにメッセージを送信するという仕組みです。

悪知恵の働く密売人は、ツイッターには「色々あります」とだけ書き込み、「テレグラムチャンネルＩＤ」を記載してそちらに誘導する。なかには「テレグラムチャンネルＩＤ」しか記さないケースもあります。「とりあえずテレグラムチャンネルを見てくれ」という意味です。客側も事情を理解しているため、そのテレグラムチャンネルを閲覧して「このチャンネルの発信者は信頼できるプッシャーだ。価格も申し分ない」などと判断。広告主のテレグラムＩＤにメッセージを送って商談に及ぶわけです。

テレグラムチャンネルを利用した密売は、ツイッターのようにアカウントから相手の素性を調べることができません。現状では情報の削除要請も不可能です。捜査側の立場からすると、今後に残された大きな課題と言えるでしょう。

左の写真のスマホ画面をご覧ください。上段の左側は、皆さんもご存知のツイッターのアイコンでその隣がテレグラムです。右横が「ウィッカー」、下段の左側が「ワイヤー」のアイコンで、その右側は「シグナル（Signal）」というこちらも秘匿アプリのアイコンです。利用率は低いのですが、これを使っている密売人も見かけます。そして、その横が一般的な検索エンジンでは引っかからないネット空間「Tor Browser＝トアブラウザ（以下、Tor）」のアイコンです。「The Onion Router」と呼ばれる無料のソフトをインストールし、これを経由してウェブサイトにアクセスします。スマホの場合は「Onion Browser」というソフトをインストールします。通常の検索エンジンの場合は、パソコンやスマホから正規のプロバイダーを経由してサ

イトに接続しますので、アクセス記録を辿ることができます。ところが、Tor の場合は、いくつものサーバーを経由し、その上、接続経路が暗号化されますので追跡するのが非常に困難になります。そのため、「ダーク（闇の）ウェブ」と呼ばれ、多くの犯罪に悪用されているのです。Tor の海外サイトには、とても違法とは思えないほど、大量で多種類の薬物販売広告を見ることができます。日本では流通していない、淡いピンクやブルーに着色されたキャンディー様の覚醒剤も売られていました。薬物のみならず拳銃や身分証など、信じ難いものまで散見されます。Tor 日本版サイト「Onion ちゃんねる」では、ツイッターを遥かに超える、薬物密売広告を確認することができます。

ツイッターでの密売は個人や少人数のグループが手がけていますが、Tor では大規模な組織が参入していると考えて間違いありません。Tor での検索は、多くのサーバーを経由するため通信速度が遅く少々苛《いら》つきます。にもかかわらず、このようなブラウザを使ってネット検索する意味はないはずです。使っているとするなら、怪しいサイトへアクセスしていると言っていいでしょう。

下段最右側は、「捨てメアド」アプリのアイコンです。通常は Yahoo! や Google などのフリーメールであっても、メールアドレスを取得するには電話番号やメールアドレスといった個人情報の登録が求められます。ところが、「捨てメアド」は何の登録もなしに、しかも、複数のメールアドレスを取得できる。つまり、誰が使用しているのか全く分からないまま、たった1回だけ使用される、文字通りの〝使い捨てメアド〟なのです。確かに便利な側面のあるインスタントメールですが、子どもたちがこんなアプリを使う必要はありません。使っているとするなら、それは親には言えない怪しいことをやっている証拠になると思います。親御さんにあっては、お子さんのスマホを一度確認してみていただきたい。このようなアプリが入っていたら要注意です。

第2章　「わが子に限って」は通用しない（一）

――真面目な女子大生が大麻に嵌るまで

最愛の娘が尿の提出を求められた

ここまで現代の薬物密売を取り巻く状況を説明してきました。しかし、多くの皆さんはまだ次のように考えているのではないでしょうか。「薬物のネット密売が大変なことになっているのは分かった。でも、自分の子どもとは関係のない話だ」と。そんな認識を少しでも変えてもらうために、実際に私が相談を受けた、亜紀さん（当時大学2年生）のエピソードを紹介させてください。

関係者のプライバシー保護のため、以降の章を含めて過去のエピソードに登場する人物名は仮名とし、地名やシチュエーションは一部変更しています。

私が亜紀さんのことを知ったのは２０１９年初夏のこと。少人数の薬物問題に関する勉強会で、彼女の父親から話しかけられたことがきっかけでした。彼はその5年前に奥さんを亡くしており、以降は男手ひとつで二人の娘を育ててきました。姉妹は幼少期から優等生で、反抗期もほとんどない穏やかな性格だったといいます。

ところが、大学に進学した長女の亜紀さんは興味本位から大麻に手を出し、その後、1年近く大麻を使い続けていたそうです。それに気付いた父親は「逮捕されたらどうするんだ」「学校に知れたら退学になるぞ」など、こんこんと言い聞かせてどうにか使用をやめさせました。しかし、彼女はいまだに大麻の使用に肯定的な意見を持っている上、海外への語学留学を希望しているといいます。海外へいけば、大麻のみならず、コカインなどのハードな薬物にも手を出してしまうのではないのか。今後どう対応すればいいのか——。

そんな不安を払拭したい一心で、父親は勉強会に参加するとともに、私に相談してきたのです。そして、私は父親と何度か電話でやり取りを続けました。そんなある日の深夜、父親から私に電話がかかってきました。

「瀬戸さん、夜分に申し訳ありません。実は、先ほど帰宅したところ、娘(亜紀)が大慌てで部屋を片付けているのです。〝どうした?〟と尋ねても要領を得ない。下の娘と二人でなんとかなだめ、話を聞いてみたところ、青ざめた顔でこんなことを言い出したもので……」

私は、父親の強い求めを受けて、実際に亜紀さんと面会し、事情を聞くことになりました。彼女が大麻を覚えた経緯やネットでの購入状況などはまさに近年のトレンドを象徴しています。彼女のケースを知ることは、いまの若者が置かれている環境を理解する上でも大いに参考になると思います。

とりわけ重要なのは以下の点です。亜紀さんは母親を亡くしたものの、父親や妹との家族関係は極めて良好。思春期を迎えても、何かあれば父親に相談を持ちかけていました。学校での成績も優秀で、私が実際に会話を交わした際も、知的でコミュニケーション能力に長《た》けている印象を受けましたし、不良仲間とつるむようなこともありませんでした。そのため父親も、薬物問題は「自分の子どもとは関係のない話だ」と考えていたにもかかわらず、彼女は大麻に嵌《はま》ってしまったのです。

では、ここからは実際のやり取りに即して話を進めましょう。

父親が亜紀さんから聞き取ったのは次のような内容でした。

学校の授業が終わり、久しぶりにスキューバダイビング仲間の理沙のアパートで雑談にふけっていたら、いきなり捜査官6~7人が部屋に入ってきた。捜査官のひとりが理沙に「捜索差押許可状(家宅捜査令状)」を提示して捜索が始まった。容疑はよく分からないが、理沙と春樹(理沙の彼氏)が絡む「覚醒剤事件」のようだった。わけが分からないまま呆然としていると、捜査官から理沙や春樹との関係、名前、生年月日、住所、連絡先などを聞かれ、バッグの中も確認された。理沙の部屋からは大麻の吸煙器具と何かの錠剤が発見されたようだが、覚醒剤はなかったと思う。「覚醒剤はやってないか⁉ 注射していないか⁉」と聞かれて腕を確認された。さらに、私は断ったが、覚醒剤使用検査のために尿の提出まで求められた。理沙は事情聴取で連れて行かれることになった。私は帰宅を許可されたので大急ぎで帰ってきた。もしかしたら、私の部屋にも捜索にくるのではないかと思って、大麻やパイプ、価格を書いたメモなどが残っていないか探していた。あれば捨てようと思った――。

父親が動揺する気持ちは理解できます。最愛の娘が薬物の捜索現場に居合わせ、尿を採られそうになったわけですから、これは家族にとって一大事に他なりません。「大麻はすでに止めているし、覚醒剤も絶対にやってないと娘は涙ながらに訴えています。それなのに尿の提出を求めるなんて心外です！ 弁護士を依頼した方がいいのでしょうか……。瀬戸さん、一度、娘と面会してもらえませんか」

そう切羽詰まった声で訴えかけられました。

私は、意外な展開となってしまったことに少し困惑したものの、不思議なことに現役時代（麻薬取締官時代）の意識が蘇ってきました。そうなると引けません。

「分かりました。まずはお嬢さんを落ち着かせてください。採尿を求めるのは自然な流れですから心配いりません。弁護士を立てるのは早計すぎるでしょう。全面的に捜査協力するほうが得策です。早々に面会しましょう」

沖縄旅行で「大麻」初体験

翌日の夕方、私は東京郊外にある親子の自宅を訪ねました。恐縮する父親にリビングに案内されると、姉妹が待っています。二人とも上品で聡明な印象。私が自己紹介すると2歳下の妹の沙紀さんが丁寧に返礼して席を外しました。それをきっかけに、父親は改めて私の身分と来訪理由を亜紀さんに伝え、「大麻のことと昨夜のできごとを話しなさい。大丈夫だから。瀬戸さんはきっと力になってくれる」と促します。でも、亜紀さんはうなだれたまま。そりゃ、そうでしょう。家宅捜索を目にしたばかりなのに、いきなり元麻薬取締官という強面のオッサンが現れて、事情聴取まがいのことをしようというのですから。

そこで、私のほうから切り出しました。「心配しなくていい。一緒に問題を解決しよう。ダイビングをやっているなら、沖縄の離島には行ったかな? 宮古島の八重干瀬《やびじ》や、下地島《しもじしま》の通り池の美しさには思わず息を呑んでしまうよね」などと共通の話題を探しながら雑談を進めます。すると、30分もしないうちに亜紀さんは打ち解けてきました。父親がいうとおり、素直な子です。

「それじゃ、少しだけ話を聞くけど、言いたくないことは言わないでいい。お父さんがいると話しづらいなら、席を外してもらうから」と伝えても、「平気です。お父さんには心配ばかりかけているから」。そこで、私はいくつか質問してみました(以下、――部分は著者の発言)。

――大麻を初めて吸ったのはいつ?

亜紀さん:大学1年(2018年)の5月の連休でした。ダイビング仲間の理沙と香苗の3人で沖縄にダイビングに行ったときに、そこで知り合った男の子たちに勧められて……。東京から遊びにきている大学生でした。

——どんな状況だった？

亜紀さん：私たち３人はペンションに泊まりました。隣のペンションに彼ら４人が泊まっていたんです。夕方、中庭でバーベキューの準備をしていると、「よかったら、こっちにこない？　一緒にやろうよ！」と声をかけられたんです。少し嫌だったけど理沙が調子に乗っちゃって、香苗もオーケーしたので、計７人でバーベキューをやることに。ビールも出されて、けっこう盛り上がりました。男の子たちは軽音楽部のメンバーで話題も豊富。普段ならこういった誘いには絶対に乗りませんが、彼らの都会的な雰囲気に好感が持てたことと、旅の解放感もあり、ついつい気が緩んでしまったんだと思います。

——そこで大麻を吸った。

亜紀さん：いえ、吸ったのはビーチです。バーベキューの後、彼らに誘われてみんなで夜の海へ向かいました。ペンションから歩いて10分くらいのところです。海は夜でもエメラルドグリーンに輝いていました。夜空にきらめく星を眺めていると、大らかで、とても心地良い気分になったんです。私の好きなシチュエーションです。理沙と香苗は砂浜に座って男の子たちと話し込んでいました。

ふと見ると、男の子のひとりがタバコを吸っていました。それを理沙に回し、そして理沙は香苗へ。直感的に「あっ！　マリファナだ」と思いました。男の子に手招きされ、私がそばに行くと、無言で火のついた「ジョイント（大麻タバコ）」を渡されました。このとき、頭の隅で「ちょっとまずいな」とも思いましたが、理沙や香苗から「大麻は身体に悪くない」と聞いていましたし、断るのは雰囲気的にかっこ悪いというか。まぁ、いいか、というノリでジョイントを受け取って吸いました。過去に一度だけ、タバコを吸ったことがあったので、煙を吸い込むことに抵抗はありませんでした。でも、どうもタバコとは違う印象で、少しむせてしまいました。すると、男の子のひとりが「ゆっくりでいいよ。煙は吐き出さないで肺に溜めるようなイメージで」と優しく教えてくれたので、その通りに。何回かみんなでジョイントを回していると、とてもリラックスした気分になってきました。自然との距離が縮まるというか、なんとも言えない満足感に……。これが初めての体験です。

この話を初めて聞いたのでしょう、父親は眉間に皺を寄せています。娘が見ず知らずの男たちに旅先でナンパされ、言われるがまま大麻を吸ったのだから、これはショックに違いありません。私が父親に対して、「この辺にしておきましょうか。それともお父さんは席を外しますか」と尋ねると、「いや、続けてください。私にも責任があります」と懸命にこらえている。お嬢さんは「ごめんね」と申し訳なさそうに頭を下げる。二人の様子を目にした私は、「彼女なら大丈夫だな」と感じたことを覚えています。私は亜紀さんへの質問を続けました。

――大麻を吸ってどんな気分になった?

亜紀さん：星空が自然のプラネタリウムみたいに見えてきました。神秘的で目を疑うほどの美しさ。それが海面を黄金色に染めて行く。そして、穏やかな風に包まれるというか、夜空と海と風と私がコラボしたみたいな錯覚に襲われて。「なにこれ！　すごーい！」と感激するのと同時に「この海岸を私の特別区に指定しよう！」と心に決めたような記憶が残っています。理沙と香苗はトローンとした感じで、男の子たちは笑顔で何やら話し込んでいました。ケラケラと笑っている子も。

――沖縄での経験は1回だけかな。

亜紀さん：翌日はダイビングに行って。夕方にペンションで食事をしました。彼らが差し入れをもってきたので、また一緒に遊びました。その日はカラオケで大騒ぎ。歌っている最中に、またジョイントが回ってきたので吸っています。普段から歌の上手い香苗の声が澄んだように聞こえ、彼女が熱唱するバラードが胸に沁みました。心地よい眠気にも襲われます。これが最後です。男の子たちは翌朝、離島へ向かい、私たちはもう１泊してから帰りました。彼らからＬＩＮＥグループに誘われたんですが、ひとりの男の子の私を見る目がギトギトしていやらしく感じられましたので、「ＬＩＮＥはやってないから」と咄嗟《とっさ》に断りました。理沙と香苗はＬＩＮＥ仲間になっていまでも繋がっていると思います。

ツイッターで売人に接触

こうして彼女は初めて大麻を経験しました。男子グループとの関係こそ深まらなかったものの、大麻を使用した際の幻想的なリラックス感が忘れられず、次第に嵌っていきます。東京に戻ると、手当たり次第に大麻に関する情報をネットで検索。そこで様々な知識を身につけました。こうしたケースでは珍しくないのですが、彼女もまた、〝自分が見たい情報〟だけを見て、〝大麻使用を肯定する〟情報になびいていきます。そして挙げ句の果てに、ツイッター上に〝販売広告〟を書き込む売人から、大麻を買うようになってしまいました。

――東京に戻ってから、自分で大麻を手に入れるようになったということ？

亜紀さん：ええ、大麻にとても興味が湧いて、ネットで大麻のことを調べ、自分なりに勉強しました。すると、ネット上では、タバコやアルコールよりも害が少ないと訴える人が大勢いることが分かりました。さらに、日本では所持は厳しく規制されているが、使用罪はないこと、海外では医療用大麻が普及しているのに加え、嗜好品としても合法化が始まっていること、様々な品種があり、大麻チョコやクッキーも売られていること、室内栽培が流行していて、ツイッターなどのSNS上で堂々と販売されていることも。他の薬物についてもひと通り理解し、ネット上の隠語や絵文字、価格の相場も覚えました。そんな頃、理沙のアパートに遊びに行ったら、彼女に「いいのもらったから」とジョイントをすすめられ、3度目を経験しました。そこでも、なんとも言えない安堵感に包まれ、これで完全に嵌りました。理沙に「大麻はどうやって手に入れるのが一番安全で確実なの？」と尋ねたところ、「私の彼氏に頼んでもいいけど、〝エス〟専門だからなあ。やっぱツイッターが一番安全だと思うよ。でも、郵送だと詐欺に遭ったり、住所を知られたりするから〝手押し〟が手っ取り早くていいんじゃないの」。それを聞いて、ツイッターを介して買うことにしました。

――理沙さん、香苗さんとの関係は。

亜紀さん：同い年のダイビング仲間で、2年くらい前にSNSで知り合いました。大学はバラバラですが自宅が近いので、一緒に遊んでいるうちに親しくなりました。二人ともいまは都内でひとり暮らしをしています。大麻に関しては理沙が一番詳しいです。いまお話ししたように彼女には〝春樹さん〟という恋人がいて、その彼が「エスに詳しい」と聞いていました。それで昨日、理沙のところに捜索が入ったのかな、と。理沙がエスをやっているかどうかまでは知らないし、春樹さんとは会ったこともありません。

――たしかにツイッター上には大麻販売広告（投稿）が沢山あるよね。具体的にはどうやって買った？

亜紀さん：〈#野菜・手押し〉で検索すると、大麻の販売投稿がずらりと並びます。とても違法なものとは思えないくらいに……。私は色んな種類の大麻を揃えていて、都内で手押しが可能、そして、フォロワー数が多いことの3点を基準に広告をチェックしていきました。すると、〈リピーター率No1、ソムリエ3人が一押しする最高の……〉という投稿を見つけました。たしかアカウント名は〈Green○○〉だったと思いますが、なんとなくこの広告に惹かれたので、このGreenさん、つまり、「p〈プッシャー／密売人〉さん」に決めました。〈連絡はテレグラムまで〉と書き込まれていたので、テレグラムのアプリをスマホにダウンロードしました。

――テレグラムというアプリは知っていた？

亜紀さん：ツイッターの大麻販売広告によく出てくるので名称だけは知っていました。ネットで調べてみて、「なるほど、テレグラムっていうのは秘匿チャットのことか。上手くやるものだなぁ」と感じたのを覚えています。テレグラムのダウンロードは無料で、しかも5分ほどで完了。さっきの〝pさん〟のIDを入れて〈安くてリラックスできるお薦めの野菜、渋谷で手押しお願いします〉という感じでメッセージを送信しました。すると、すぐに返信がありました。〈お問い合わせありがとうございます！　当店はただいま、キャンペーン中。いまなら最高級の〝M3〟がお薦めです〉。M3は大麻の品種のひとつでストレス緩和の効果が高くて、〈ポカポカ感が最高〉とネットで話題だったので、これを1グラム注文しました。6000円程度だったと思います。適当な偽名を伝えて、翌日のお昼に渋谷駅前で待ち合わせをすることになったんです。

――そのときはひとりで渋谷へ？

亜紀さん：ひとりきりは怖かったので、香苗についてきてもらいました。渋谷駅前に到着したところで、改めてpさんにテレグラムで連絡。私のいる場所、着ている洋服の色など伝えると、即座に〈1分以内で伺います〉という返事がありました。緊張しながら待っていると、まもなく20代前半のごく普通の男の人が近寄ってきました。遊び慣れた感じや水商売風の印象はなく、大学のゼミにひとりはいそうな本当に普通の大学生といった風情です。彼が目配せしてきたので、私は近寄って並んで歩き始めました。まもなく「先にいい？」と言われ、私は準備してきた現金入りの封筒を手渡します。彼は中身をちらっと確認すると、丸めた「白色のビニール袋」を私に押しつけてきました。手触りがガサガサしていたので、大麻が入っていることは容易に推測できました。「レギュラーも入れてあるから、サービスね。またお願いします」と笑顔で言うと、彼は足早に人混みのなかに消えて行きました。私は「ありがとう」と返答しただけ。接触してから、別れるまで30秒もかかってなかったと思います。何よりも驚いたのは、渋谷駅前の雑踏のなか、人目を憚ることなくあまりにも堂々と受け渡しされたこと。拍子抜けしたというか、呆気《あっけ》に取られてしまったことを思い出します。

ついに家族にバレるも……

その後、亜紀さんは渋谷駅近くで待機していた香苗さんと合流し、そのまま香苗さんのアパートへ向かいます。途中、駅のトイレで袋の中身を確認すると、ビニール袋のなかに紙袋があり、それを開けるとチャック付きのポリ袋がふたつ入っていたそうです。そのひとつにはマジックで「M3」と書かれていました。

私と一緒に話を聞いていた父親は、途中からつらそうに顔を伏せてしまいました。愛する娘が口にするにしては、あまりにも生々しい内容です。親御さんなら誰もがそう感じるでしょう。私が「お嬢さんは正直に話してくれています。心配はいりません。適当に切り上げますので」と伝えると「いえ、ちょっと席を外しますが、しっかり聞いてあげてください」と。さらに亜紀さんに対して「過去を清算する良い機会にしなさい」と告げながら庭へ出て行きました。

――香苗さんのアパートでは大麻を吸った？

亜紀さん：はい、香苗のアパートで一緒に吸いました。２袋の大麻を取り出し、香苗がキッチン用の電子秤で量ると両方とも約１グラムありました。それで、私が持参してきた小さな「グラインダー（大麻草を細かく砕く粉砕器）」でＭ３の方を半分くらい砕き、同じく持参した「ローリングペーパー（タバコ巻紙）」の上に乗せて、見様見真似でタバコのように巻いてジョイントを作りました。そして、ライターで火を付けて二人で交互に吸ったんです。グラインダーとローリングペーパーは、「ヘッドショップ（パイプ等の大麻関連グッズを販売している店）」で買ったものです。グラインダーは確か１０００円くらい、ローリングペーパーは１箱50枚入りくらいで、３００円程度だったと記憶しています。ジョイントを深く吸って肺で溜めると、すぐに何ともいえないリラックス感に包まれました。流れている曲の臨場感が増して繊細な音までが聞きとれて「うわー、耳の感覚が研ぎ澄まされるよ、Ｍ３は凄いね」なんて二人で大はしゃぎしていました。レギュラーも試してみましたが、Ｍ３と比較するとリラックス感はＢクラスといった印象でした。

「レギュラー」とは、いわゆるノーブランドの大麻、あるいは、様々な種類の大麻の使い残しをミックスしたものと解釈してもらえればいい。以来、彼女はツイッターで密売人と接触して大麻を購入し、吸煙を続けます。その間に数人の売人と知り合い、お薦めの大麻が入荷したとの連絡が入れば、自ら進んで入手するように。ひとりのときもあれば香苗さんと一緒のときもあったそうです。大麻の購入資金は、父親から毎月預かる生活費約20万円の一部。さらに、自分の貯金にも手をつけるようになり、合計で30万〜40万円程度は使ったのではないかと説明しています。大麻に溺れたのは、2018年5月末頃から父親にバレる19年3月頃まで。最初は週末のみだったものの、次第に回数が増え、夏休みには〝毎日吸っていた〟と話しています。さらに質問を続けます。

――どうしてお父さんにバレたの？

亜紀さん：部屋で吸っていたのを妹に見つかったんです。春休みに入ってから虫垂炎に悩まされていました。気分を紛らわそうと部屋で〝野菜〟を吸っていると突然入ってきた妹が「おねえちゃん、何やってんの！　おかしいと思ってたんだ、それマリファナでしょ！　お父さんに言うからね！」と激怒。ふたつ違いの妹とは仲が良いのですが、彼女は真面目でしっかり者です。どちらが姉か分からないような感じで、私にとっては父より怖い存在です。私が「大麻は悪くないんだよ……」と言いかけたら、「うるさい！」と一蹴されました。そして、お父さんからこっぴどく叱られることになったんです。

――それで大麻をやめた。

亜紀さん：ええ、お父さんがあんなに怒ったのは初めてでした。残っていた僅かな〝野菜〟も捨てられました。「このままだと逮捕されて、大学も退学になるぞ！」「お母さんが生きていたらどんなに悲しむか」と涙ながらに訴えるお父さんの顔を見ていると、自分のやってきたことが恥ずかしくなってしまって……。それからまもなく、虫垂炎が悪化して手術することになりました。２週間くらい入院しましたが、その間、自分のことのように心配してくれるお父さんや妹のことを見ていて、情けない気持ちになったんです。規則正しい入院生活を続けているうちに、大麻に対する思いが自然と薄らいでいきました。理沙と香苗にも、家族に見つかったことを伝えています。二人とも「えっ、それやばいじゃん！　やめちゃうか」と少しびびっていました。

――大麻を吸って体調を崩したことは？

亜紀さん：昨年（２０１８年）の夏休み、なんだか集中力がなくなって。全てが億劫《おっくう》で、部屋に閉じこもることが多くなりました。好きな小説も読む気がせず、物事も深く考えられない。大麻の弊害かも……と思いましたけど、でも、アルコールだってそうじゃないですか。飲み過ぎると何もできなくなりますよね。それで「大麻も使い方次第だ」と自分に言い聞かせて。回数は少し減らしたものの、やめようとは思いませんでした。お父さんから「体調悪そうだな。病院に行ったほうがいいぞ」と言われましたが、「風邪気味なだけだから」とウソをついていました。大麻が欲しくてたまらなくなるという依存症には自分ではなってないと思います。いや、欲しいのは欲しかったですね。無性に吸いたくなることもありました。

——その後、大麻は吸ってない？

亜紀さん：お父さんには内緒にしてくれますか？　実は1回だけ吸いました。新学期が始まってから学校で嫌なことがあって、香苗と会って愚痴を聞いてもらっているとき、香苗がいま流行の「リキッド」を取り出して、「ブルーな気分にはこれが一番。いいのが手に入ったんだよ。今日くらい、いいんじゃない？」と勧めてきたんです。リキッドはいわゆる〝大麻オイル〟のことで、電子パイプで吸うんです。最初は断りました。でも、目の前にあると誘惑されるというか、抵抗感がなくなるというか……。つい手を出してしまいました。吸ったときは、ガツンときましたね。強かったです。2〜3服で意識が飛ぶほどの効き目。「ウワー！」と叫び出したくなる感覚の一方で、「ダメだよ」という気持ちが生まれました。するとバッドトリップというか、逆に憂鬱な気分になり吐き気を催して……。それを見ていた香苗は「強かったかな。ごめんね」と言うなり、パイプをしまいました。

バッドトリップというのは、不安、抑うつ、被害妄想などを引き起こすことをいいます。大麻を摂取した際の急性作用は、個人の気分や環境などで変化します。

亜紀さんは、覚醒剤や他の麻薬に対してはある程度の危機感を持っている。しかし、大麻に関してはアルコールやタバコと同等の位置づけで捉えている印象を受けました。これはネットだけで知識を得た、最近の若者たちの意識を象徴しています。ネットは欲しい情報だけ見ることができます。そして知らず知らずのうちに流されていくのです。

大麻自体も、精神抑制作用や幻覚作用のある薬物ですが、他の麻薬や覚醒剤と比較すると有害性がやや低いところから「ソフトドラッグ」と呼ばれます。しかし、大麻を入り口にして、より危険な薬物との接触も生まれています。大麻が薬物使用の入り口、「ゲートウェイドラッグ」と呼ばれる所以《ゆえん》であり、最も怖い部分でもあります。米国では、「大麻使用者の26％が他の違法薬物を使い始めた」との研究結果もあるほどです。私の経験から言っても、大麻乱用者の３割近くが覚醒剤など他の薬物へ移行、または併用を始めています。

マトリの「ガサ入れ」に遭遇

——あと少しだけ、昨日の家宅捜索の様子を教えてくれるかな。

亜紀さん：お父さんが説明したとおりですが……、本当に怖かったです。足が震えちゃいました。ちょうど理沙から「ダイビング映画のＤＶＤを手に入れた」と電話をもらって、借りに行ったんですね。学校の授業に出たその足で理沙のアパートへ。部屋でしばらく雑談をしていたんですが、いきなりインターホンが鳴って、男の人が「ガサ（家宅捜索）だ！」と怒鳴りながらドタドタと雪崩《なだれ》込んできた。６〜７人はいたと思います。女性もいました。一瞬、何が起きたのか理解できず呆然としてしまいました。

捜査官は理沙に「君が理沙さんだな。捜索にきた」と言うなり、令状を示して何やら説明をはじめました。「覚醒剤」に関係する事件だということ、そして、春樹さん（理沙の彼氏）の名前を口にしていたのは聞き取れました。彼の覚醒剤事件で、それに理沙が関係しているのだろうか、と。理沙からは、春樹さんがエスに詳しいと聞いたことがあったので、咄嗟にそう考えたんです。

捜査官から「あなたにも立ち会ってほしい」と言われ、意味が分からないまま頷き、その場でじっとしていると、椅子に座るよう求められました。そして、住所・氏名・年齢・連絡先・大学名などを聞かれ、理沙の自宅への来訪理由、理沙や春樹さんとの関係なども矢継ぎ早に聞かれた。テーブルに置いていたバッグの中身も見られました。「それ、私のです」と伝えると、「エスなどは持ってねえか？」と言われ、「そんなもの知りません！」と応じた記憶があります。「春樹の荷物はどこにある？」と質《ただ》された理沙が「何よ！　知らない。それに亜紀は関係ないでしょう。帰してやってよ」と大声で抵抗していました。

彼女は気丈な性格なので、捜査官とも最後までやり合っていた印象です。部屋からは空のポリ袋やパイプなど〝野菜〟に関するもののほか、袋に入ったMDMAのような錠剤が発見されましたが、エスはなかったようです。私は緊張のあまり尿意を催したので、「トイレにいかせてください」とお願いすると、「オシッコを提出してください。あなたが覚醒剤をやっていないことを確認したい」「その前に腕も見せてほしい。ポケットのなかも見せてくれるかな」と女性の捜査官がしつこく迫ってきました。「私は関係ない。犯人じゃない！」と拒否したかったのですが、気圧《けお》されて声に出せず、頷きながら渋々腕を見せ、「エスなんてやっていません」と答えています。上着のポケットの中身も自分から見せました。そして、オシッコを入れるカップを渡され、尿の取り方を説明されました。「申し訳ないけど、あなたの尿に間違いないことを確認するために、少しだけトイレの扉を開けて立ち会うね。男の人は向こうにいってもらうから平気だよ」との一言。それを聞いて身体が縮み上がりました。「絶対に無理です。もういいです」と断ると、「心配いらない。みんなやってるから」と繰り返し説得してきます。それでも最後まで拒否し続けました。人前でなんて……、冗談じゃない。本当に驚きましたよ。

亜紀さんは、怒りを吐き捨てるように語っていました。気持ちは分かります。友人の家でくつろいでいたら、いきなり捜査官が入ってきて、わけの分からないまま捜索の立ち会いを求められる。挙げ句の果てには「エスを持ってないか。尿を出してくれ。排尿に立ち会う」と言われたのですから。驚くのも当然でしょう。

——大変だったね。でも、家宅捜索というのはそんなものなんだ。捜査官が尿を求めるのは捜査の流れだから悪意は全くない。その後、理沙さんはどうなったのかな。

亜紀さん:捜索は1時間半くらい続いたと思いますが、終了間際に捜査官の人が怖い顔で「これから一緒に来てもらう。話を聞かせてほしい。いいな?」などと理沙に詰め寄っていました。私は突然、不安になって「私は帰っていいですか?」と尋ねました。そうしたら、責任者のような人が「本当にエスはやってねえのか。強制採尿という手段もあるんだぞ。野菜はやってんだろう。一度話を聞かせてもらうからな」と意味深長で、癪《しゃく》に障る言い方をしてきたんです。とても不愉快でしたが、その一方で不安になって、何も答えられないまま部屋を飛び出しました。理沙が私に向かって「ごめんね、ごめんね!」と涙ながらに繰り返していたことを記憶しています。

——その後、自宅に戻って部屋を大掃除したね。

亜紀さん:ええ、帰宅途中に不安で押しつぶされそうになりました。もう背中は汗びっしょりです。オシッコの提出を拒否したので、私の家にも捜索にくるのではないかと気が気じゃありませんでした。大麻やローリングペーパー、pさんとの待ち合わせ場所を書いたメモは残っていなかったか。サービスでもらったレギュラーの大麻はまだあるかもしれない。もし見つかったら逮捕されてしまう――。そんな不安に駆られて、大急ぎで自宅に戻ると、部屋のなかをひっくり返し、スマホにインストールしていたテレグラムのアプリも削除しました。そこに、お父さんが帰宅して、妹と一緒に「何やってんだ！」と大騒ぎになって……。私は包み隠さずに事情を説明しました。すると今度はお父さんが大慌てで、瀬戸先生に電話をかけたんです。結局、古いポリ袋と使い残しのペーパー、そしてメモ数枚が出てきただけで、大麻はありませんでした。

父親から連絡を受けた私は、いま大麻も覚醒剤もやっていないのなら心配しないでもいいと宥《なだ》め、捜査官から事情聴取を求められたら正直に答えるようにすること、尿の提出を求められたら不愉快と思っても、潔白を証明するためにも提出したほうがいいことを伝えました。違法薬物に関与すると遅かれ早かれこのような事態を招きます。

大麻は「お洒落なハーブ」

――もう少しだけ聞かせてほしい。過去に、学校で薬物乱用防止授業を受けたことはあるよね。

亜紀さん：小学校から高校までの間に何回か受けました。薬物を乱用すると身体を壊すとか、暴力団がどうのこうのとか、様々な犯罪に繫がるとか。同じ話ばかりでしたが、覚醒剤、コカイン、危険ドラッグなどは怖いクスリだと思っています。

——大麻についてはどう思っている？　最近、芸能人やスポーツ選手だけでなく、若い人も逮捕されているね。

亜紀さん：うーん、大麻がそこまで悪いかと言われると、よく分からないんです。アメリカの多くの州やカナダでは合法化されているのに、なぜ日本ではダメなんでしょうか。ネットで検索すると「医療用大麻」や「産業用大麻」といった単語が飛び交《か》って、大麻は医薬品としての価値が高いってことも書き込まれてるし、タバコやお酒の方がずっと身体に悪いと主張する人も少なくありません。日本の大麻取締法に「使用罪」がないということは、吸っても罰せられないということなのに、どうして持ってたら逮捕されるのか、その辺もよく理解できません。

正直、私の経験から言っても、大麻は上手く使えばさほど健康に害はないように思います。気分を落ち着かせてくれる〝お洒落なハーブ〟という印象なんです。ハリウッド映画でも大麻の吸煙シーンはよく出てきますよね。個人的には、薬物乱用防止授業で聞いた話とは少し違うような気がしているんです。薬物の使用者を取り締まること自体が問題だ、使用者をいくら逮捕しても何も解決しない、というオンライン記事も読んだことがあります。日本の法律が時代に即していないといっている人もいるし、世界的な流れからしても、そのうち大麻は解禁されるんじゃないですか？

亜紀さんは、堰《せき》を切ったように大麻について語り始めました。その内容はともかく、知識量には少々驚かされました。事実、彼女が口にした大麻の医薬品としての利用や「使用罪」については、現在、国が進める大麻取締法改正の議論における中心的なテーマに他なりません。ただし、彼女の情報源はすべてネットです。そして、ネット上に散見される大麻に関しての記述は、嗜好目的の解禁を肯定する論調がほとんどで、彼女もそれに傾倒しています。「自分の経験からも大麻にはほとんど害がない」「海外では合法化で経済効果が出ている」、こういった考えに、医療用大麻や産業用大麻の話が混同されて、「大麻は有効価値が高いものだ」との論理が芽生えていく。加えて、「使用者の取り締まりに問題がある」といった一方的な見解を、その背景も理解しないまま鵜呑《うの》みにしています。後の章で詳述しますが、「大麻に害がない」というのは大きな間違いです。さらに、医療用大麻の有効性の議論と、嗜好目的の大麻解禁は全く別次元の問題です。彼女の発言は、現在の若者が抱く大麻に関する考え方を象徴していますが、これはかなり危険な論理展開だと言わざるを得ません。

そこで私は、彼女にこう告げました。

「大麻についていては色々な考えがあっていいと思う。あなたのような若い人が薬物問題に関心を持つのも嬉しい。ただ、一点だけ注意してほしいのは、大麻使用を正当化する情報だけに目を奪われることなく、根本的な部分から正確に学んでほしいということ。たしかに、カナダでは大麻が合法化された。ただし、カナダでは未成年者に大麻を売った者には禁固14年以下の罰則が科される。日本では7年以下の懲役刑だが、どちらが重いかは一目瞭然だ。薬物は規制されているから危険なのではなく、危険だから規制されているんだ。薬物がなぜ厳しく規制されているのか、専門家の話を聞いてみてはどうだろう。お父さんと一緒に勉強会に参加してほしい」

亜紀さんは妹と共に勉強会に参加することを約束し、そこで聞き取りを終了しました。

戻ってきた父親も安堵したようで、笑顔が戻っています。亜紀さんはほぼ〝全面自供〟という結果になりました。私の現役時代を振り返っても、ここまで綺麗に聴取できたケースは珍しいと言えるでしょう。

薬物乱用は仲間へ伝播する

なぜ彼女が全てを話したのか、お分かりでしょうか。本人の性格が素直だったこともありますが、最大の理由は「完全に薬物使用をやめていたから」です。そして、「家族の理解」があり、「依存がほとんどない」。私が「彼女なら大丈夫だろう」と感じたのは、こうした条件が揃っていたからです。

仮に薬物をやめていなかったら相手は話を矮小化し、少なからず嘘をつきます。覚醒剤の場合はその傾向が顕著です。そして、嘘をついたことで罪悪感が生じるのと同時に、周囲に対する猜疑心が芽生えてきます。自分のついた嘘が疑われているのではないか、と。そして、薬物を欲する自分を隠すために新たな嘘もつきます。この負の連鎖は依存症に陥っている証左でもあります。

また、亜紀さんが大麻に嵌った経過を整理すると、現在のトレンドを象徴するような事例と言えます。ＳＮＳで知り合った仲間たちと沖縄へ行って大麻を覚える。自ら検索して正確とは呼べない膨大な大麻知識を得る。ＳＮＳで密売人と接触し、実際に大麻を購入する。つまり、全てがネット、より具体的に言えばスマホを媒介した行為です。もし彼女がひとり暮らしだったら、より深みに嵌っていたことは間違いありません。

その後、彼女自身から電話をもらっています。

亜紀さん：お父さんに話したら、自分で伝えたらどうかと言われたので電話しました。あの後、事情聴取を受けて全て答えてきました。恥ずかしかったけどオシッコも提出しましたが、何も検出されなかったそうです。ところが、理沙が覚醒剤の使用罪で逮捕されていることが分かりまして……。春樹さんがネットで覚醒剤を密売していて、理沙も彼と一緒にときどきそれを使っていたそうなんです。彼女の弁護士と話をしたのですが、捜索でＭＤＭＡも発見されているので、保釈にはもうしばらく時間がかかるだろう、と。そして、もっと驚いたのが、４、５日前に香苗まで覚醒剤で逮捕されたことです。詳しくは分かりませんが、「理沙に勧められてエスを何度か使ったようだ」と弁護士は言ってました。理沙もそうですが、香苗が覚醒剤をやっていたとは信じられない。いま振り返れば、私も崖っぷちに立っていたのだと思います。

薬物乱用は仲間から仲間へと感染していきます。場合によってはこの事件を端緒として、他にも多くの若者が逮捕されているかもしれません。

2019年3～5月にかけて、沖縄県で高校生をはじめとする未成年者10人が大麻取締法違反容疑で逮捕されました。この事件では、高校生のひとりがツイッターで大麻を購入し、県内の仲間に譲渡していました。関係者は最終的に23人に及んだとのこと。時期を同じくして、京都市では中学3年生の女子が大麻とＭＤＭＡを所持した容疑で逮捕されています。その後、少女に大麻を売った20歳の男も逮捕されました。男はツイッター上で〝ホフマン〟と名乗り、少女がツイッターに「大麻がほしい」と隠語で投稿しているのを見つけてテレグラムへ誘導。受け渡しなどの連絡を取り合っていました。

2020～21年にかけては、みなさんもご存じのとおりだと思います。「少年グループ、ＳＮＳで大麻購入」「ＳＮＳを利用して薬物密売、取引には消えるチャットを使用」などと連日のように報道されました。私の出身母体である麻薬取締部でも、積極的にネットの薬物事犯を捜査しており、21年10月には〈大麻ネットコミュニティ〉と呼ばれるサイトの主要メンバーを中心に、全国に散らばる密売人や客ら約60名を検挙しています。それ以外にもツイッターで覚醒剤などを大がかりに密売していたグループ、海外の薬物販売サイトから大麻リキッドやＭＤＭＡを仕入れていたグループなど、大勢を逮捕しています。逮捕者のなかには、若い医師や薬剤師、教授もいました。

私が現役時代に携わった事件でも、〈ネットで薬物を手に入れた〉と話す若者は後を絶ちませんでした。彼らは口々に〈ネットの薬物広告を眺めていたら、ファミレスのメニューを見ているようで色々とほしくなった〉〈海外で合法化されている野菜なら大丈夫だろうと思って、ツイッターの売人から大麻を買った〉〈大麻をきっかけに覚醒剤やＭＤＭＡを経験して深みに嵌った〉と供述しています。

「金パブ」に酔う若者たち

さて、亜紀さんの事件は一件落着したということで、次章に移りたいところですが、実は後日談があります。悲しい話ですが、薬物を巡る問題の根深さを知る参考になるので付け加えましょう。

以前と比べて彼女はすっかり元気になって、妹の沙紀さんと一緒に薬物勉強会にもオンライン参加していました。相談者である父親も「絵に描いたようなハッピーエンドとなって本当に嬉しいです」とご満悦でした。ところが、事態は急変します。その後、しばらくしてから、亜紀さんがドラッグストアで買える「市販薬（一般医薬品、OTC医薬品）」に手を出してしまったのです。

父親が地方赴任中のことです。次女の沙紀さんから電話がありました。「瀬戸さん、お姉ちゃんに会ってもらえませんか。大麻じゃないのですが、〝苦しい！〟と言い出して……。お父さんは単身赴任中にコロナに感染してホテルで療養中です。心配するので伝えていません」。私は「大麻でなければ覚醒剤か？」と案じて、早速、姉妹と面接しました。亜紀さんは顔色が悪く少しやつれ、妹が不安そうに付き添っています。

――久し振りだね。どうしたの？

亜紀さん：あのぅ、野菜じゃないんです。でも、ごめんなさい。

――心配いらないから話してごらん。エスなの？

亜紀さん：違います、「金《きん》パブ」です。嫌なことばかりが続いて、つい買ってしまいました……。

「金パブ」とは市販薬の総合感冒薬「パブロンゴールドA〈210錠入りで1500円程度〉」の俗称で、近年、子どもたちの間で〝乱用〟が大きな問題となっています。添付文書を見ると、用量は15歳以上1回3錠を1日3回なのですが、子どもたちはこれを1回に20錠、30錠と飲み込んで、その効果に〝酔う〟のです。

亜紀さんによれば、コロナでバイト先の仕事がなくなり、学校は休校状態。逮捕された理沙や香苗とも遠ざかり、交際をはじめた彼氏とも別れることに。気持ちが追い詰められて、無性に〝野菜〟がほしくなった。でも、二度とやらないとお父さんと約束している。そこで、少しお酒を飲んで気分を紛らわそうとしたが、胸焼けするだけ。ネットの掲示板を眺めていると、同世代の女の子が〈金パブを大量に飲むと気分がふわふわして、ボーッとした気分になる。悲しみから救われた！〉と投稿していた。薬物勉強会で市販薬の乱用も問題となっていると聞いていたが、「規制されていない市販薬なんだから、大したことないだろう」と高を括って、ドラッグストアやオンラインショップで買うようになった。亜紀さんはネット情報を真似て1回10錠からはじめ、今では40～50錠飲んでいると言います。トニン液やブロン液等の咳止めシロップ1、2本を一気飲みすることもあるとのことでした。それを4か月は続けている、と。

亜紀さん：1回に50錠以上飲んだり、シロップを一気飲みしたりすると、最初は気分が爽快になって、その後にフワーッとして落ち着きます。何回か吐き気を我慢できなくてトイレに駆け込みましたが、うまく調整して飲むと、身体が温まって不安や悲しみが取れるんです。これに嵌ってずっと飲み続けてきました。今では錠剤もシロップも手放すことができません。でも、最近は食欲がなく、不眠症気味で……。顔に湿疹が出たり、便秘になったり、尿が出にくくなったり、あと、生理が止まることもありました。何よりり、クスリが切れると不安で、苛々して、居ても立ってもいられなくなります。何度もやめようとしましたが、辛くなるのでまた飲んでしまう。妹に怒られてもやめられません。この苦しみから逃れたいです……。

この手の市販薬には、鎮静作用のある鎮咳薬《ちんがい》（咳止薬）「ジヒドロコデイン」「コデイン」、気管支拡張剤としての「エフェドリン」「プソイドエフェドリン」などが含有されています。

前者は、あへんを原料とするものです。原末《げんまつ》を希釈(濃度1%以下)しているため麻薬には該当しませんが、大量摂取するとあへん系麻薬と同じような多幸感を覚え、常用すれば様々な副作用が生じ、依存に陥ることもあります。

後者は覚醒剤の原料で、これも含有量が少なければ(10%以下)市販薬に用いることができます。大量摂取すると興奮効果があり、高揚感を覚えますが、頭痛、血圧上昇などの副作用が発現するとともに依存が生じることもあります。この他、「ブロムワレリル尿素」という睡眠鎮静剤が配合される解熱鎮痛剤も大量摂取すると睡眠効果を得ることができますが、一方で、めまいやふらつきといった副作用の他、急性作用による痙攣発作やせん妄(時間や場所が急に分からなくなる見当識障害など)を引き起こしかねません。無論、常用すれば依存に陥ることもあります。

薬物依存などで、精神科で治療を受けた人を調査した2020年のデータ(国立精神・神経医療研究センター調査)では、半数以上が覚醒剤を乱用していたということですが、〝1年以内の主たる使用薬物〟を見ると10代の場合は市販薬が56・4%を占めています。つまり、子どもたちがドラッグストアで簡単に咳止薬を手に入れ、それを乱用している実態があるということです。市販薬の乱用は以前から問題になっていますが、これが大人の目の届かないところで、子どもたちを中心に急増しているのです。

厚生労働省は、エフェドリン、プソイドエフェドリン、メチルエフェドリン、コデイン、ジヒドロコデイン、ブロムワレリル尿素の6成分を「濫用等のおそれのある医薬品」に指定。これらを含む一部の市販薬については、販売に際して購入理由や他店での購入状況を確認し、販売数量の制限などをすることを求め、販売店も取り組みを強化しています。が、ネット通販でも購入可能なため、現実には乱用に歯止めがかかっていません。市販薬というのは覚醒剤や大麻より安価で簡単に手に入り、それを販売しても逮捕されることはありません。ですから、実態把握が大変難しいのですが、事態は予想以上に深刻で早急な対策強化が求められるところです。

私は、亜紀さんから事情を聞いて、直ちに療養中の父親に連絡し、大慌てする父親の代理で亜紀さんを専門医のところに連れて行きました。結果、依存症が認められ、さらに肝臓障害まで確認されたので、早々に入院治療が開始されました。約1か月で退院した亜紀さんは、傍から見る限り元気を取り戻していましたが、今なおメンタルが不安定な状態にあるため、治療を続けています。

これが亜紀さん事件の顚末になります。私は「もっとお節介を焼くべきだった」と深く反省しました。彼女は二度と大麻は使用しないだろうと勝手に思い込み、市販薬のことは意識もしなかった。甘かったですね。一旦、薬物に頼るとなかなか抜け出すことができない。この事実を亜紀さんのケースを通じて改めて思い知らされました。

薬物乱用というのは、規制の有無に関係なく存在します。中枢神経に影響を及ぼす薬物の使用を続けると、誰もが依存症等に陥る可能性があるのです。クスリは「両刃の剣」です。市販薬や処方薬の問題についても強く意識してほしいと思います。

第3章 「わが子に限って」は通用しない（二）
――女子高生を狙う「レイプドラッグ」

睡眠薬が犯罪ツールに

第2章では、誘われたとはいえ、自らの意志で薬物を常用していた大学生の例を紹介しました。ただ、薬物は自らの意志で使用するだけとは限りません。近年、被害が多発しているのが「薬物を飲まされて暴行される」ケースです。

とりわけ問題視されているのが睡眠薬です。もちろん、睡眠薬自体は、麻薬ではありません。しかしながら、中枢神経に作用し、精神機能に影響を及ぼす薬物として、精神安定剤や抗うつ剤などとともに「向精神薬」と総称され、麻薬及び向精神薬取締法で規制されています。実際、睡眠薬は抗生物質などと同じく、医師の処方箋がなければ手に入れることができない処方薬（医療用医薬品）です。医師の指示通りに服用しなければ重篤な副作用が出ることもあり、家族や友人に譲り渡すことは禁止され、海外へ送ることも、海外から取り寄せることもできません。出入国時に携帯できる量も定められており、上限を超える量を持ち込む場合は医師の証明書が必要になります。

これを違法に入手しようと、仮病を使って医師を騙す者もいます。「眠れない」と偽っていくつものクリニックを回り、睡眠薬を処方してもらう場合が多いようです。不眠症などの場合は尿や血液の検査、またレントゲンなどで病名を診断することは少なく、概ね問診だけで病状を判断します。つまり、患者の申告が第一で、医師はそれを信用して睡眠障害などと診断し、処方箋を書くわけです。そうした信頼関係を悪用されてしまう。しかし、そこまでしなくてもネットでは平然と売られている現実があります。

そして、違法に手にした睡眠薬を、アルコールや清涼飲料水に混ぜて女性に飲ませ、朦朧《もうろう》としたところで暴行を加える。睡眠薬は、レイプの犯罪ツールとして使われてしまうことから、〝レイプドラッグ〟と呼ばれることもあります。こうした犯罪は日本だけに限りません。海外では昏睡した日本人女性に暴行を加えた後、パスポートなどをすべて取り上げ、都心部から離れた場所まで車で運んで路上に放置するという事件も発生しています。とりわけ問題なのが、犯罪者たちが獲物を釣り上げる道具として、SNSやマッチングアプリを使っていることです。そうしたツールを通じて言葉巧みに呼び出し、睡眠薬の入った飲料を飲ませて凶行に及ぶ、そのような事件が世界中で相次いでいます。

「お姉ちゃん、泣いてるで」

2020年1月、私は『マトリ　厚労省麻薬取締官』（新潮新書）を著しました。多くの方に薬物問題への理解と関心を深めて頂きたいとの思いで、日本の薬物犯罪史と、知られざる麻薬取締官の活動実態について綴ったわけですが、これを契機にときどき読者から薬物に関する相談が寄せられるようになりました。何人かの方にお会いして、事件性のあるものは麻薬取締部や警察へ相談に行くように促し、薬物の影響で心身に弊害が出ていると疑われる場合は、専門の医療機関で診察を受けるように勧めています。

そうした相談のなかに、「高校3年生の次女が睡眠薬を飲まされて暴行されそうになった」というものがありました。相談者は大阪市郊外に住む40代の母親と大学3年生の長女。母親は離婚後、実家のレストランを手伝いながら3人のお子さんを育てています。結果として私の専門外の事件だったので、早急に警察に被害届を提出するとともに、娘さんを病院へ連れて行くように伝えましたが、その相談内容は次のようなものでした。

母親：昨年（2019年）12月、土曜日の夕方のことですが、次女（高校3年生）の真美が「カラオケに誘われている」と言って出かけました。ところが午後11時を過ぎても帰らない。携帯に何度電話してもつながりません。市内でひとり暮らしをしている長女の奈央に電話しても連絡はないとのこと。近所のコンビニを見て回ったり、近隣のカラオケ店へ電話したりしましたが一向に足取りが摑めない。心配で心配で、どうしていいか分からず、捜索願（行方不明者届）を出しに行こうとしていた矢先、ようやく真美がタクシーで帰ってきました。タクシーから降りた真美は虚ろな目をしており、ぼそっと「お金がない、払って……」と口にするだけ。その上、靴も片方しか履いていません。少しアルコールの匂いがしたので、「子どものくせにお酒を飲んできたのか」と最初は腹が立ちました。

母親は、真美さんがお酒を飲んできたと思って「あんた何してんの。お酒の匂いがするやんか！　携帯電話は？　靴は？　お金はどうしたん？　警察に行こう思うてたんやで！」と矢継ぎ早に叱責したといいます。しかし、真美さんからは反応がありません。よたよたと自分の部屋に向かうと、そのまま閉じこもってしまいました。翌日曜の午後になっても、真美さんは部屋から出てきません。母親が「昨日は誰とどこに行ったん?」と質しても「気分が悪い……」と返答するだけでした。

母親:「未成年のくせにお酒なんか飲むからや」と、少し強めに怒りましたが、真美は布団に入ったまま〝頭が痛い〟と無愛想に繰り返すばかりでした。月曜日も体調不良で学校を休んでいます。ところがその夜、息子(中学3年生)が「お姉ちゃん、泣いてるで。足と腕に青たん(打ち身)もあるみたいや。けんかでもしたんとちゃうか」と言ってきたのです。それを聞いて私は突然不安になり、大慌てで長女の奈央に電話して、すぐに実家に戻るように伝えました。姉から事情を聞いてもらうことにしたわけです。真美は奈央を慕っていて、奈央もまた真美を可愛がっていました。

ここで、母親に替わって、姉の奈央さんが口を開きました。

少女に何が起こったか

奈央さん:お母さんから電話をもらい、慌てて実家に戻りました。いまは大学で部活をやっているので、学校近くのアパートに住んでいます。寮みたいなところですが、真美もこの大学を目指していて「お姉ちゃんと一緒の寮に入るんだ」と頑張っています。真美は愛くるしくて成績もまあまあ、少し優柔不断なところはありますが、とても良い子です。母から話を聞いて実家に戻ると、真美に話しかけました。「何があったん。お姉ちゃんにだけ話して」と説得すると、最初は「別に……。友達と少しお酒を飲んで気分が悪いだけや」とごまかしていたものの、３日ほど経ってから、涙ながらにポツリポツリと真相を明かしてくれたんです。妹の話を聞いて驚きました。ネットで知り合った男の人から睡眠薬を飲まされて、レイプされそうになったと言うんです。

奈央さんもショックを隠せない様子。それでも妹から聞き取ったメモを見ながら、詳細な状況説明をしてくれました。事件当日の動きが把握しやすいよう地図まで持参してくれたことを覚えています。以下はそのメモの内容です。

・高校の女友達の勧めで、２か月前に年齢をごまかしてマッチングアプリに登録した。メールやＬＩＮＥ交換ができる男友達が欲しかったというのが理由。

・すぐに男性（アッシ君）と知り会う。大阪市内でひとり暮らしをしているという大学生で、感じのいい人だった。
・メルアドを教え合い、連絡を取るようになった。彼がお互いのプライベートを守るためという理由でテレグラムを教えてくれたので、途中からはテレグラムでやり取りしている。
・K－POP好きという共通の趣味で打ち解け、好みの異性のことなど、色んな話をするようになった。高校生ということも教えた。言われるままに自分の写真も送った。アツシ君の写真も貰ったが、サングラスと帽子で顔がよく分からなかった。恥ずかしいのかな、と感じた。
・「会いたい、カラオケに行こう」と誘われ、照れくさかったが、会えば親しくなれると期待して応じた。それが今回の事件に繋がる。
・アメリカ村（大阪市中央区西心斎橋に所在する御津《みつ》公園、通称三角公園を中心に広がる、若者向けのショップが集まるエリア。アメ村とも略される）の三角公園で待ち合わせをした。アツシ君がやってきたが、彼はもらった写真のイメージと違っていて拍子抜けした。25歳くらいの野暮ったいサラリーマンという印象。それでも言葉使いが優しかったし、危険な感じはしなかったので、話くらいはいいかな、と思いファミレスで食事を奢ってもらってからカラオケに行った。話題の多い人で、すぐに親しくなった。
・彼は歌が凄く上手だった。私にも勧めてきたので照れながら歌うと「超可愛いわぁ！真美ちゃん最高や！　アイドルみたいやな」と笑顔で褒めてくれ、「乾杯！」とカクテルを勧めてきた。ほとんど飲んだことないと伝えたが「大丈夫。ソフトドリンクと同じ。みんな飲んでるよ」と何度も勧めてきたので、その場のノリから飲んでみた。トイレに行って戻ると、「これはもっと美味しいよ、飲まないと損やで、乾杯！」とまた勧めてきたので、それも飲んだ。3、4杯は飲んだと思う。
・するとしばらくしてから、身体が重くなって眠くなってきた。次第に具合が悪くなってきて立ち上がることもできなくなった。お酒のせいだ、と思い恥ずかしくなった。
・彼は「飲み過ぎたんかな、ごめんな、少し風にあたろう」とかいって、私を連れ出した。ちょうど酔っ払いに肩を貸す感じで。
・その後、タクシーに乗せられたと思うが、気がついたら、どこかの部屋でソファーに横たわっていた。
・彼が「これ飲んだら楽になる……」とエナジードリンクを勧めてきたが、このだるさはなんかおかしい。もしかしたらクスリでも盛られたのかなと不安になって、「もういらない」と断った。そのとき、下半身を触られていることに気づいた。逃げようとしたが、彼はさらにエスカレートしてスカートの中に手を入れ、パンストと下着を剝ぎ取ろうとした。ここで、危ない、と思って泣きながら「イヤ、帰る！」と手足をばたつかせて抵抗した。それでも彼は迫ってきた。そのとき強烈な吐き気を催してきて、思いっきりその場で吐いた。何度か吐いたと思う。

・すると彼は豹変し、「何もしてへんやんか！　なんか勘違いしてへんか？　介抱してやっただけや、もう帰れ！」などと喚《わめ》きながら私を部屋の外に連れ出した。

・外に出て、彼を突き放すと「なんやねん！」と捨て台詞《ぜりふ》を吐いて彼は立ち去った。

・近くのコンビニの前に座ってぐったりしていると、おばさんが「気分悪いの？　大丈夫？」と声をかけてくれてタクシーを拾ってくれた。

・タクシーに乗って、何とか住所を伝えたが、そのとき靴を片方しか履いていないこと、携帯電話、財布などを入れたバッグが無くなっていることに気づいた。コートも見当たらない。忘れたのか盗まれたのか分からない。

・自宅に着くと母が家の前に立っており、タクシー代を支払ってくれた。

・翌日、自宅のパソコンで睡眠薬のことを調べたら、「若い女性に睡眠薬を飲ませてレイプする事件が発生している」ことを知り、自分も犠牲になりかけたのか、と大きなショックを受けた。今でも信じられない。

奈央さんは時折、言葉を詰まらせながらも一気に話してくれました。大好きな妹が見ず知らずの男に騙され、あろうことか睡眠薬を飲まされてレイプされそうになった。まったく予期しない出来事に直面し、お母さんと奈央さんはどれほどの衝撃を受けたことでしょうか。近年、この手の事件は頻発していますが、そこに愛する家族が巻き込まれたという現実は、彼女たちに極めて重くのし掛かるはずです。それでも、奈央さんは気丈に話を続けます。

奈央さん：真美は「身体は触られたけどレイプはされてないと思う。抵抗したときにテーブルで手足を打って、その勢いでパンストが破れたんや。でも、スマホで写真を撮られていたらどないしよう……。ネットにアップされてまうかもしれん」と悩んでいます。「恥ずかしくて、悔しくて、情けなくて、誰にも言い出せんかった」と泣いているんです。あの子がどれだけ辛かったか。相手の男だけは絶対に許せません。

これは卑劣なレイプ未遂事件です。私は二人にいくつか質問してみました。

「学校にも友達にも知られたくない」

――話せる範囲でいいから答えて欲しい。警察や弁護士、性被害相談センターには相談しましたか。

母親：いいえ。真美が長女に話をするのにも時間がかかりましたし、「警察は絶対に嫌や。学校にも友達にも知られたくない」と強く拒否しています。「レイプはされてないから」とも。学校にもこの話はしていません。法テラスへ行こうとも考えましたが、近寄りにくくて。遠縁の薬物乱用防止指導員に相談したところ、瀬戸先生の本を紹介されまして、今回、ご相談する機会を頂いたわけです。すでに事件から1か月以上は経っています。一体、どうしたらいいのでしょうか。娘の気持ちも分かりますが、悔しくてなりません。

――娘さんの身体に変調はありませんか。今、真美さんはどうしていますか。

母親：手足のあざは湿布を貼っていたら薄くなったので病院には行っていません。ただ、精神的な落ち込みに苦しんでいます。もともと奥手な子で、過去に男の子と付き合った経験もないので、淡い憧れが踏みにじられたようで二重に苦しんでいるのだと思います。今週中には心療内科に連れて行こうと思っています。学校にも通っていますが、受験勉強には身が入っていませんね……。

――相手の男に住所や学校名は教えていますか。

奈央さん：住所は最寄りの駅までは話した記憶がある、と。高校名や携帯番号も教えたと言ってます。なくしたスマホにはパスワードを設定しており、財布には現金1万円ちょっと以外は入れていなかったとも。遺失物届は提出させました。スマホは番号を替えて母が新しいのを買い与えています。

――男の特徴、身上、写真は。登録したマッチングアプリの名称は。メールやテレグラムなどでの交信記録は残っていますか。当日の行動はどこまで記憶していますか。

奈央さん：詳しくは聞いていません。25歳くらいでサラリーマン風。ボサボサ髪の中肉中背、淡い色の眼鏡をかけていたとか。送信してもらった写真はなくしたスマホに保管してあったと言っていました。当日行ったアメリカ村のファミレスやカラオケ店は記憶していました。その後に連れて行かれた部屋がどこなのかはよく覚えていないようですが、部屋を出た後、階段で降りたような記憶が残っている、と。最後にタクシーを拾ったのが地下鉄・大国町駅付近（※大阪市浪速区、東京で言えば錦糸町駅の近辺と言ったところ。アメリカ村からタクシーで10分程度の距離）のコンビニの前だったと思うと話しています。

——破られたパンストや下着、靴はどうしましたか。当日に着用していた服は残っていますか。

奈央さん：パンストと下着は捨てたと思いますが、服はそのままだと思います。スカートに嘔吐物がついていましたので、私が洗い流しました。靴の半足（片方）はそのまま置いてあると思います。「バッグや靴の忘れ物はなかったですか」とカラオケ店と大国町のコンビニに尋ねましたが、見つかりませんでした。

ひと通り話を聞いてから私は、不安げに私の言葉を待っている二人に次のように助言しました。

「許しがたい卑劣な行為ですね。アッシと名乗る男は、マッチングアプリで大学生になりすまして若い女性を狙っていたのでしょう。SNSで知り合った女性を呼び出して、睡眠薬を飲ませて昏睡させた上で行為に及ぶ。これが目的です。そもそも、真美さんとのやり取りにおいて、テレグラムのような極めて秘匿性の高いアプリを用いる必要性は皆無です。テレグラムは交信記録を完全消去できるため、薬物密売に使われています。つまり、証拠隠滅が可能ということ。面識のない女性との連絡を取り合う際に、こんなアプリを使う時点で端《はな》から性犯罪が目的と考えられます」

「実際に対面を果たすと、あらかじめ準備していた大量の睡眠薬を娘さんが歌っている最中か、トイレに行っている間にアルコールに混ぜたのでしょう。睡眠薬の錠剤を水溶液にし、小瓶に入れて持参した可能性もあります。睡眠薬をアルコールと一緒に飲むと、効果が増強されるため、娘さんは当初、お酒の影響で身体が重く眠気を覚えたと思ったはずです」

「その後、男は真美さんをタクシーに乗せ、大国町近辺の本人のアパートかレンタルルームへ連れていったと思われます。〝大丈夫、楽になるから〟などと耳元で囁き、さらに睡眠薬の入った栄養ドリンクを飲ませようとした。完全に昏睡させようとしたのでしょうね。同時に抵抗するかどうか確かめるため、身体を触りはじめた。ところが、下着を脱がそうとしたところで、酩酊しながらも娘さんが抵抗をはじめた。さらに、飲み慣れないアルコールを飲んだせいか、嘔吐を繰り返した。これで男は怯《ひる》んだのだと思います。路上まで連れ出したのは、行為に及ぼうとした場所を分からなくするためです。真美さんのスマホや財布の入ったバッグは男が持ち去ったと疑うこともできます。真美さんは怖かったでしょうが、本当によく頑張ったと思います」

二人は頷きながら聞き入っていました。私はさらに続けます。

「この手の事件捜査は、被害者の尿を検査し、どのような薬物を飲まされたのかを調べることが重要です。しかし、娘さんの場合は、1か月以上経っていますので、すでに薬物の成分は分解され、体外に排出されているはずです。とはいえ、毛髪鑑定で薬物を同定できる可能性も残っていますし、お聞きした話の中には、貴重な証拠・情報がたくさんあります。街頭には防犯カメラもあります。これを手繰《たぐ》っていけば、犯人は特定できますし、様々な状況を総合的に判断しなければなりませんが、準強制性交等罪未遂罪が成立する可能性があります。有罪になれば5年以上の有期懲役に処される可能性があります」

二人は性犯罪についても、色々と尋ねてきました。私は「麻薬取締官の権限外で専門的な話はできないが」と、前置きした上でこう続けました。

「性犯罪は人の尊厳を踏みにじり、身体と心に大きな傷やショックを与える極めて悪質な犯罪です。被害に遭われた方は、恥ずかしさや諦めなどの気持ちから、誰にも相談できずひとりで悩み忘れようと苦しみます。娘さんもさぞかし苦しんでいることでしょう。今回の犯人は必ず犯行を繰り返します。そして、悪質化させていきます。犯行を隠蔽するために殺人事件を起こすこともある。どうか娘さんの将来のためにも、ご家族のためにも警察に相談に行ってください。娘さんが決断できなければ、お母さんとお姉さんだけでもけっこうですから、早急に出向いてください。専門の女性警察官が事情を聞いてくれますし、秘密も守られます。娘さんやご家族の精神的負担を少しでも軽くするために、心情やプライバシーに配慮した様々なアドバイスもしてくれるはずです。受診が必要な場合は、費用の一部を公的支援する制度もありますので、先《ま》ずは相談へ行ってください。専門の女性弁護士も活動しているため、そちらに相談されることもお勧めします」

母親は涙ぐみながら頷いていました。犯人への強い怒りからか、長女の奈央さんは時折、眉をしかめて唇を震わせていました。家族にとっては人生の一大事です。私もついつい熱くなってしまったことを思い出します。

このような状況で私は親子から話を聞き取りました。親子が決心できないのなら私が警察に出向いて経過説明しようとも考えましたが、それから数日後、「真美は、なかなか説得に応じません。〝もういい。忘れた〟というばかりです。でも、これから弁護士のところに相談に行きます。絶対に負けません」と奈央さんから力強い言葉をもらっています。以後の経過は捜査案件となるため、私からお話しすることはできませんが、犯人が逮捕され、真美さんの心の傷が癒えることを祈るばかりです。

出会い系はネット犯罪の温床

睡眠薬を悪用した事件は後を絶ちません。ざっと調べただけでもここ数年で100件はくだらないでしょう。しかも、事件になるのは氷山の一角で、泣き寝入りしている被害者のほうがはるかに多いと考えられます。こうした事件の端緒となっているのがSNSやマッチングアプリです。真美さんも出会い系サイトのひとつであるマッチングアプリで男と知り合いました。

出会い系サイトは、目的が「婚活」「恋活」「友達さがし」「ヤリモク(セックス目的)」

などに区分され、多数のサイトが乱立しています。親世代の感覚からすると、ネットでの出会いにかつてのテレクラのようないかがわしさを感じるかもしれません。しかし、若者たちにとって、ネットでの出会いはもはや〝日常〟であり、時代の変化に応じて登場した新しい〝男女の出会いの場〟と捉えるべきでしょう。たとえば、お見合いサービス事業者が2022年に成人式を迎える新成人を対象に行った「恋愛・結婚に関する意識調査」では、交際相手とどこで知り合ったかという質問に対し、「幼稚園〜高校時代」、「大学(専門学校)、大学院など」に次いで、3位が「ネット(SNS・アプリ)」。「アルバイト先」よりも多い14・4%の若者がネットで交際相手と出会ったとしているのです。コロナ禍で部活やサークル活動が制限され、アルバイトは激減し、各種イベントは中止に追い込まれました。そうしたなか、ネットを介した人的交流がこれまで以上に増えることは自明と言えます。

ただし、日常生活で面識のない相手と〝出会う〟ことにリスクはつきものです。

2020年1月、49歳の男が〝パパ活〟に応じた女性に乱暴したとして警視庁に逮捕されました。「パパ活少女に睡眠薬飲ませ乱暴」などの見出しで多くのメディアが取り上げましたので、ご記憶の方もいらっしゃると思います。「パパ活」とは、食事などに付き合う対価として男性が女性に金銭を支払うのが一般的ですが、性行為を前提にしているものも多数あります。〈優しいパパ募集中。18歳、画像あり！　少しだけ助けてください〉などとツイッターに書き込み、連絡してきた男性と交渉するわけです。男性の側から〈都内ホテルでお会いできる方いませんか。希望額お願いします。こちら30歳〉と書き込む場合もあります。パパ活という言葉は2017年頃から耳にするようになりましたが、ここ2年で存在感を増してきた印象があります。コロナ禍で仕事を失った水商売の女性や、アルバイト収入をなくした学生が、当座を凌ぐために「パパ活」に手を染め出したことは想像に難くありません。

この事件で逮捕された男は、パパ活女性とツイッターでやりとりする際、性行為をしない約束をしてホテルなどに誘い出していました。しかし現実には、睡眠薬を飲ませて意識を失わせてレイプし、その様子をスマホで撮影していたといいます。東京や埼玉などで、2年前から50人以上に犯行を繰り返していたということです。「タダで性行為がしたかった」と供述しているとも報道されていました。

これは絵に描いたような睡眠薬レイプ事件です。小遣い稼ぎのつもりでパパ活を望む女性たちは簡単に罠に嵌ってしまう。犯人は言葉巧みに誘導して睡眠薬入り飲料を飲ませ、レイプや強盗に及ぶ。被害に遭った女性は後ろめたさから誰にも相談できないわけです。

「ツイッターはかかりがいい」

２０１７年10月に発覚した神奈川県座間市の男女９人連続殺害事件は世の中に大きな衝撃を与えました。犯人である白石隆浩（当時27歳）の自宅から発見されたのは、若い女性８人・男性１人の計９人（当時15～26歳）の切断遺体。その後、白石は９人に対する強盗、強制性交、殺人などの罪で起訴され、死刑判決が確定しましたが、この事件でも一部の被害者に睡眠薬が使われています。犯人はツイッターで自殺願望者に言葉巧みに接近し、自室に連れ込むと、薬物で昏睡させて襲い、ロープで首を絞めて殺害しました。病院で「眠れない」などと訴えて睡眠薬の処方を受けたと供述したとのことです。

この犯罪史上、稀に見る連続猟奇殺人事件の犯人は次のように語ります。２０１９年10月29日付東京新聞（TOKYO Web）の〈「心弱っている子狙った」　座間９人殺害２年　白石被告、面会応じる〉という記事の一部を紹介しましょう。

〈会員制交流サイト（ＳＮＳ）に自殺願望を書き込んだ若者を狙った理由を「金と欲の

ためにやった。心が弱っている子を狙った方が楽だと思った」と明かした。（中略）「ツイッターはかかりがいい」。立川拘置所（東京都立川市）で面会した白石被告は、そう話した。女性を風俗店に紹介する仕事をしていた経験から、「悩みを抱えている人は簡単に口説けた。だから『さみしい』『つらい』とかつぶやいている人に片っ端からメッセージを送った」と、悪びれずに振り返った〉

〈ツイッターはかかりがいい〉。この文句には寒気を覚えます。でも、これは事実です。「ツイッターは騙しやすいし、騙されやすい」。違法薬物の密売人も、白石と同様のことを考えています。本来、治療のために用いられるはずの睡眠薬が、殺人やレイプのツールとされ、人と人との繋がりを促進しコミュニケーションの活性化を図る目的で開発されたSNSが、人を陥れるための道具とされている。それも狙われるのは社会経験に乏しく、警戒心が薄い未成年や、心の弱った若い女性たちです。実に理不尽な話です。

　こうした事態が現在進行形であることを、読者の皆さんにはぜひ知ってもらいたいと思います。重要なのは、子どもたちが薬物を乱用しないこと、次に、密輸や密売の片棒を担がされないこと。そして、〝絶対に薬物を飲まされない〟ことです。こうした意識を子どもたちに涵養《かんよう》して頂けることを願っています。

SNSで騙されないための注意点

かねてより、ネットの規制強化や、睡眠薬処方の厳格化といった意見はあります。前者については、日本インターネットプロバイダー協会が安全対策への取り組みを強め、ネットを監視する機関・団体も増えています。捜査機関がサイバーパトロールを徹底し、違法情報や有害情報に対する取り締まりを強化しているのも事実です。SNS上の誹謗中傷についても国が対策強化に乗りだしました。「ネットリテラシー(インターネットを適切に使用するための知識や能力)」という言葉も頻繁に耳にしますし、多くの人がネット上の問題を現実的な課題と捉えるようになってきました。しかし、ネット上の情報量が膨大過ぎること、匿名性が高いこと、情報の更新が速すぎること、ネット空間に国境がないことなどの要因から、犯罪抑止という面で有効な解決策は見出せていません。

後者の睡眠薬については、厚生労働省がより厳格な対策を講じ、従来のように1回の処方で数種類の睡眠薬や精神安定剤が出されることは明確に減ってきました。しかし、〝ドクターショッピング(クリニックをいくつも回ること)〟を繰り返す者や、処方箋を偽造して調剤薬局から薬物を入手しようとする輩は後を絶ちませんし、ネットではいまだに多種類の薬物が密売されています。ここでは「ネットと睡眠薬、いま起きている現実とどう向き合うか」という点について考えてみたいと思います。

「SNSで騙されないようにする」。これを突き詰めれば結局は、ネットリテラシー問題に辿り着きます。ネットリテラシーが低ければ次のような結果を招きます。

・情報を信用し過ぎてしまう。

・自分の個人情報を無意識のうちに晒してしまう。

・他人の情報を勝手に使ってしまう。

・危険な無料ソフトやアプリを安易にダウンロードしてしまう。

・SNSで事件・事故に巻き込まれてしまう。

学校現場ではネットリテラシー教育も進んでいると聞いていますが、同時に親御さんがこれを理解し危機感を持つことが必要不可欠でしょう。その上で、SNSや出会い系サイトで騙されないようにするにはどうすればいいのか、少し噛み砕いて説明してみたいと思います。

・交信相手が誰なのか分からないことを理解する（相手が犯罪者であること、女性を装っていることは十分にあり得ます）。

・若い女性のみならず男の子を狙っている場合も多い。
・相手がほめる、おだてる、理解を示すのは、安心感を与える常套手段。
・写真を送るよう求めるのは品定めのため。
・テレグラムなどの秘匿アプリに誘導するのは下心がある証拠。

つまり、常に罠が張り巡らされている、と考えるべきなのです。実際、「自分は大丈夫だ」と思っていても、事件に巻き込まれる可能性は十分にあります。自分の身上は極力語らず、写真は送らず、交信記録は残す。可能なら直接会うことは避けるべきでしょう。会う必要があるのかどうか、リスクも含めて冷静に考えてみる。家族や友人に相談してみる。それでも会うのなら、場所と時間はこちらで指定する。「お会いするなら良いお店があります。家族や友達と良く行くお店です。ここでお願いします」と伝え、こちらで決める。それに難色を示す相手ならそもそも会うべきではありません。

また、相手の氏名・年齢・住所・職業・携帯番号は必ず聞き取る。携帯に折り返しかけてみて録音する。会うにしても夜は避け、相手の自宅やホテルには絶対に行かない。可能なら複数人で行く。そして、家族や友人に「いつ、どこで、誰と会う」ということを必ず伝えておく。これを徹底することが最低限の保険になると思います。

その上で、見ず知らずの人とは飲食を共にしない。とくにSNSなどで知り合っただけの男とは絶対に飲食しない。飲食せざるを得なくなった場合は人目の多いカフェやレストランを選ぶ。大事なのは絶対にアルコールを飲まないこと。相手が持参した飲料を口にするなど以ての外です。飲食店では自分で注文したもの以外は絶対に口にせず、席を立つときはコップの中身を飲み干していく。それができないときは、席に戻っても飲みかけ食べかけの物は一切口にしない。屋外で会うときは、ペットボトルを持参し肌身離さず持っている。最近の睡眠薬には悪用防止のため、水に溶かした場合に色調が変化するように着色剤を添加したものもありますし、水に溶けにくい錠剤も登場しましたが、まだまだ一部です。自分の見ていないところまで、きちんと意識することが重要です。

お酒もレイプドラッグになる

「レイプドラッグ」と呼ばれるのは、何も睡眠薬だけではありません。海外では「リキッドX」と呼ばれる「GHB（ガンマヒドロキシ酪酸）」という麻酔薬が有名です。世界最強の「パーティードラッグ」と言われ、これを極少量でも摂取すると昏睡してしまいます。「ケタミン」という麻薬が悪用されることもあります。さらに、アルコール。ウォッカやテキーラ、ウイスキーなどの度数の強いお酒を一気飲みすると脳が麻痺して昏睡します。アメリカで「世界最強の酒」「レイプアルコール」と呼ばれる「EVERCLEAR（エバクリアー）」などは、度数がなんと95度にのぼります。実際に、大学のコンパなどでこれを女性に飲ませ、相手を泥酔させて性行為に及ぶという事件も発生し、一部の州では販売禁止になっていると聞きます。このようなお酒はかなりの種類が存在します。こうした事実を理解して、自分の身の丈に合った量以上は飲まない、見知らぬ人とは飲まない。これを忘れないようにしてください。

最悪の場合、レイプされた上、急性アルコール中毒で死亡したり、重い後遺症が残ることもあります。余談になりますが、私自身も大学1年生のとき、部活の先輩たちに「飲め飲め飲め飲め！」と強いお酒を飲まされ、気がついたときは世田谷区内の病院に入院していたという経験があります。救急車に乗せられた記憶すらありません。退院後はしばらく物事を深く考えられないという後遺症に悩まされ苦労しました。まあ、懐かしいスポ根時代の逸話になりますが、このとき「お酒は怖いな」と思ったことを今でも覚えています。結局、自分の身を守るには「隙を見せないこと」に尽きます。警戒していることを相手に態度で分からせるのは大変効果的です。「体調が悪いから飲食は控えている」と事前に伝えておくのもいいかも知れません。しかし、私に言わせれば、警戒をしなければならないような相手と会う必要はないのです。そんな場所には行かない。これが一番です。

出会わなくても「性被害」には巻き込まれる

薬物の話題からは少し離れますが、直接会わなくても「デジタル性被害」が発生する場合もあります。私がかかわった典型的な事例を紹介しましょう。

女子高校3年生の蘭さんはSNSを通じてやっと心を許せる友達ができました。相手は同い年の〝優子さん〟。二人は毎夜、ネットで雑談に耽っていましたが、会ったことは一度もありません。蘭さんは優子さんを完全に信用して悩みを打ち明けていました。

たまたまダイエットの話題になり、優子さんから「ダイエット成功！」と全裸の写真が送られてきました。「蘭のも送ってよ。誰にも見せないから」との繰り返しの求めに応じて〝恥ずかしいな〟と思いながらも蘭さんは自分の裸の写真を送信してしまいます。それがエスカレートして下着や下半身脱毛の話にもなり、下半身の写真も何枚も送ってしまったのです。

ところが〝優子さん〟は、女子高校生になりすました男でした。それも40を過ぎたオッサンです。ある薬物事件で私たちが男を逮捕したことで、これが発覚しました。男のスマホとパソコンを精査するなかで、なりすましメールを多数確認。本人は黙したままでしたが、私から蘭さんの両親に連絡して、早急に警察へ相談するよう促しました。これも余談になりますが、捜査では感情に流されないように訓練してきた私もこのときは激高してしまいました。純真な女子高生を騙すとは許し難い犯罪です。何も言わず、含み笑いを続ける被疑者に対し、声を荒らげてしまった記憶が残っています。ご両親と本人がどれだけショックを受け、悔やみ傷ついたかは皆さんにも容易に想像がつくでしょう。男は、パソコンの中に数百枚を超える少女の裸の画像を保管していました。そして、歪んだ性欲をもつ仲間たちと交換したり共有したりしていたのです。男が蘭さんに送った写真は、ネットで収集したAV女優の無修正写真でした。

この手の犯罪は騙されたことが分かっても、被害者は恥ずかしさと後ろめたさから誰にも相談できません。自分の裸の画像がネットで拡散しているのではないか、と言い知れない不安に襲われ、ひとり苦しみながら毎夜ネットを検索します。一旦アップされると半永久的に拡散され、完全に削除するのは極めて困難。入れ墨と同じく、完全には消し去れない「デジタルタトゥー」となることはご承知のとおりです。被害に遭った少女たちは胸が張り裂けそうな苦しみを抱えたまま、心を病んでゆきます。

「会っても会わなくても犯罪に巻き込まれる可能性がある」。これがネットを通じた出会いの〝負の側面〟です。これを肝に銘じ子どもたちを守ってあげてください。

もうひとつ付け加えると、こうした犯罪に個人で対応するのは絶対に不可能です。万が一、性的暴行を受けたときは、悩まず直ちに警察に相談してください。警察は、全国警察統一の短縮ダイヤル「#８１０３」を導入しています。ダイヤルすると、発信された地域を管轄する各都道府県警察の「性犯罪被害相談電話窓口」につながります。どうしても警察に相談したくない人は、各都道府県に設置された性被害の専門相談機関「ワンストップ支援センター」にご連絡ください。プロの係員が適切な助言をしてくれます。

性被害に遭った場合、緊急避妊や感染症対策も重要です。緊急避妊には「ノルレボ」などの緊急避妊薬（通称アフターピル、緊急避妊ピル）が処方されます。性交後できるだけ早く、遅くとも72時間（３日）以内に服用することで、約80％の確率で妊娠を防ぐことができるそうです。ただし、このクスリは処方薬ですので医師の診断が必要になります。同時に感染症対策も必要なので、絶対に医療機関で診察を受けなければなりません。

そのためにも、まずは警察かワンストップ支援センターへ電話して助言を求めてください。ご家族の方が連絡しても構いません。

第4章 「わが子に限って」は通用しない（三）
――大学生が覚醒剤密売に手を染めるまで

わが子が密売人として逮捕される

本章では、私が現役時代に捜査に当たった男子大学生の覚醒剤事件を紹介します。尋常ではないほど覚醒剤に嵌り、依存症から中毒状態に陥り、小規模ながらネット密売にも手を染め、最終的には刑務所に入ることになりました。第2章の亜紀さんと同じように、彼もまた知人から大麻を教わったことから全てが始まります。亜紀さんを「軽症」とするならば、彼は「重症」と呼べるでしょう。

彼のケースは最近の若者の薬物乱用の実態を浮き彫りにしていると言えます。ネット密売が一般人まで巻き込む規模に拡大したことで、子どもたちを含め乱用者が増えているのはここまで述べてきた通りです。一方、ネットの闇は、子どもたちを「密売人」に変えることもあります。親にしてみれば「わが子が薬物使用で逮捕される」だけでも衝撃的な出来事でしょう。しかし現実には「わが子が薬物の密売人として逮捕される」ケースもあるのです。なぜ普通の大学生が密売人に身を落としたのか――。この大学生の事案を解説しつつ、ネット密売の闇に迫ってみましょう。

発端は彼の母親からの相談でした。彼女は入院中の夫に代わって首都圏郊外で不動産賃貸業を営み、ひとり息子の翔太郎君（当時21歳の大学3年生）を都内の大学に通わせていました。しかし、息子が全く実家に戻らないので心配になり、自分の母と一緒にアパートを訪ねたそうです。すると、息子の様子が明らかに変貌していたと言います。

「息子の部屋はゴミだらけでグチャグチャでした。その上、〝何しに来たんだよ！　やっぱり僕を監視してたな！〟などと、意味不明のことを口走っていました。それにずいぶん痩せていたので、〝あんた、身体壊してんの？　まさか変なクスリやってないでしょうね？〟と尋ねたら、いきなり激高。〝知らねえよ、帰れ！　苛つくんだよ！〟と喚きだしました。息子に怒鳴られたのは人生で初めての経験で、いまだにショックから立ち直れません。管理人から〝息子さんは大学にも通っていない様子です。最近は部屋に籠もっていることが多く、深夜に隣室の壁を叩いて苦情も出ています〟と言われる始末で……」

嫌な予感に襲われた母親は、管理人に頼み込んで息子の留守中に部屋を確認します。そして、部屋で発見した〝物〟に仰天し、麻薬取締部に駆け込んできたというわけです。

母親が続けます。

「テーブルの上には小さなガラス瓶がいくつかと、ストローがありました。ガラス瓶の底は少し焦げていた気がします。テレビ台の引き出しからはポリ袋やパイプが見つかりました。床には使用済みのレターパックやメモが散乱していました。あと、使った形跡のある注射器も……。一部を持ってきましたので提出します。病床の主人も不安で眠れないようですが、〝もし薬物に手を出しているのなら、逮捕してもらってでもやめさせるしかない〟と話しています」

プロが嗅ぎ取った〝あやしい〟兆候

おそらく母親は〝注射器〟を見つけたことに動転して息子の薬物使用を疑ったのだと思います。しかし、薬物捜査のプロであれば、たとえ部屋から注射器が見つからなくても、他の所持品から十分に〝あやしい〟兆候を嗅ぎ取るでしょう。

まずはストローとガラス瓶。これらは覚醒剤を〝炙《あぶ》り〟で使用する際の道具と考えられます。100円ショップで売られる「アトマイザー(小さな香水瓶)」でも代用可能です。この瓶に少量の覚醒剤を入れて底からライターで炙ると煙が立ち上り、その煙を半分程度に切ったストローで口から一気に吸い込むのです。タバコを吸わないのに部屋からライターが見つかったら、それも〝炙り〟を疑う要素になります。また、最近では覚醒剤や大麻専用の「ガラスパイプ」が販売されています。さらに、室内にレターパックが散乱しているところから見ると、薬物の入手先はネットでしょう。ネットで注文して、ブツを郵送させている。

母親から提出を受けたポリ袋を鑑定すると、やはり覚醒剤とコカインの成分が検出されました。さらに、注射器とガラス瓶からは覚醒剤、パイプからは大麻の成分も検出されています。

問題はガラス瓶やパイプに加え、注射器から覚醒剤が検出された点にあります。大学に通わず、ひとりで部屋に籠もっているとすれば、この注射器も彼が使った可能性が高い。となると、覚醒剤の使用方法が「炙りから注射に移行した」ことが考えられるわけです。覚醒剤の水溶液を静脈に注射すると、炙りよりも強い陶酔感や高揚感をもたらします。また、炙りと違って燃えかすも残らず、〝漏れ〟がないため、同じ量を使ったとしても効果ははるかに強大。炙りから始めて注射へと移行するのは、より覚醒剤の深みに嵌っていく典型的なプロセスです。また、覚醒剤以外に大麻やコカインの成分が検出されたことで、多剤乱用の疑いも濃くなりました。つまりは、彼が「薬物乱用者」の域に足を踏み入れているかもしれない、と。

垣間見える「特有の症状」

数日後、再び麻薬取締部を訪れた母親に鑑定結果を伝えると「やはり、そうでしたか……」と悄然《しょうぜん》とした様子。そこで、私はいくつか質問をしてみました。

――息子さんは大学でどのようなことを学んでいますか。

母親：情報工学とか言っていました。子どもの頃からコンピュータに興味があって、将来はソフトウェアの開発エンジニアになりたいと話しています。でも、学校にはほとんど通ってないようです。入学当初はカフェでアルバイトをしていましたが、1年ほどで辞めています。部活やサークル活動もしていなかったはずです。そうですね、父親に似て少し頑固なところはありますが、穏やかで優しい子です。几帳面なところもありますね。中学・高校と部活でテニスをやっていたので体力はある方だと思います。親子関係も決して悪くなく、とても親想いな子ですよ。

――友達や、交際相手をご存じですか。

母親：高校時代のテニス仲間とは付き合いがあるようですが、大学に入ってからは分かりません。疑われても仕方ありませんが、うちの子は真面目な性格で、不良仲間とつるんだりはしていません。あと、あまり詳しくは聞かされていませんが、一時期、アルバイト先で知り合った女子大生と付き合っていたようです。

――家出や補導歴等はありますか。

母親：とんでもないです。中・高と優秀で模範的な生徒でした。大学にも現役で合格しています。

――高校時代にシンナーや大麻をやったような形跡は。

母親：そんな！　絶対にありませんよ！

――アルコールやタバコは。

母親：どちらも大学に入ってから覚えたようです。お酒は付き合い程度で、大した量は飲めません。タバコは〝喉が痛くなるので止めた〟と言っていましたけど。

——睡眠薬や精神安定剤を服用したことは。

母親：私の知っている限りではありません。高校の時は「眠くなる」と言って、風邪薬を飲むことさえ嫌がっていました。

——パソコンやスマホは持っていますね。

母親：大好きです。パソコンは確かMac（マッキントッシュ）を使っています。スマホは肌身離さず持っていて、再三買い換えていました。信じられないようなスピードでスマホをいじります。

——生活費や小遣いはどうしているのですか。

母親：家賃は私が直接振り込んでいます。携帯料金や光熱費等は主人の口座から引き落としています。生活費は小遣い込みで月10万円位を送金していますが、主人が甘いのでねだられると私に内緒で送金していたようです。

——息子さんの様子が変だと感じるようになったのはいつ頃から？

母親：大学1年の頃は、2か月に一度は実家に戻ってきていました。その頃、主人が体調を崩したんですが、週に一度は必ずメールか電話で主人に連絡していました。ところが、2年生になってからは、実家にも帰らず、電話の回数も格段に減ってしまい、この

4月（3年生になって）からはほとんど音信不通状態に。こちらから電話をしても、「いま忙しい」と無愛想に答えるだけで、メールに返事も寄越しません。「お父さんの癌が転移してしまった。再手術をする前に一度帰ってきなさい」と伝えても「分かった」と言うだけでした。さすがに人が変わったような態度だったので、身体でも壊していないかと心配になって、私の母と一緒にアパートを訪ねたわけです。

——息子さんと会ったときの様子は。

母親：とにかく不愉快な顔をされました。「連絡もなしに何だよ」と。几帳面な性格だったのに、部屋の中はゴミだらけ。コンビニ弁当の空ケースや、潰れたペットボトルが床一面に散乱していました。少し口うるさく叱ると、先にお話ししたような口論に。祖母に対しても「年寄りが何しにきたんだよ！」と暴言を吐く始末で、本当に人が変わったみたいでした。顔色が悪く、見ていて可哀想なくらいに痩せ細っています。注射痕は……、意識もしませんでした。

——息子さんが留守の時に部屋に入ったそうですが。室内はどのような状況でしたか。

母親：そちらに提出した物を沢山見つけて、〝薬物〟という言葉が脳裏をよぎったんです。小さな空のポリ袋が沢山あって、窓は遮光カーテンを閉め切った状態。そういえば、なぜか窓枠のサッシの隙間を、黒いガムテープで目張りしていましたね。それも隅々まで。室内はゴミの臭いが充満していて胸が悪くなりました。

母親の供述のそこかしこに「特有の症状」が見え隠れしています。神妙な面持ちで私の言葉を待っている母親。私は次のように伝えました。

「お母さんにはショックを与えることになりますが、息子さんは覚醒剤を常用していると疑えます。大麻などの薬物を併用している可能性も否定できません。その上、心身の状態は芳しくない。このまま放置すれば健康被害のみならず、最悪の場合、二次犯罪を引き起こす危険性があります。また、自ら命を絶つ使用者もいます。本人も苦しいはずです。病院へ連れて行くという選択肢もありますが、本人は応じないと思います。強制捜査に移行して身柄を確保することが最良でしょう」

母親は落胆しながらも、

「分かりました。息子は絶対に病院へは行かないと思います。話も聞いてくれないでしょう。主人も同意していますのであなた方にお任せします。私は何をすればいいのでしょうか」

と覚悟を決めている様子です。

「1週間以内に決行します。頻繁に連絡させて頂きますので、携帯を肌身離さず持っていてください。しばらく辛い思いをさせますが、息子さんを救うためです。しっかりとしたお気持ちを持って頂きたい。同じような問題を抱えている親御さんは大勢います。できる限りの支援をさせて頂きますのでご安心を」

一般家庭にとって、手塩に掛けて育てたひとり息子が薬物の事件で逮捕されるなど想像もできない話でしょう。家族にとって人生を一変させるような一大事です。母親は気丈に対応していましたが、それでも目に薄《うっす》らと涙を浮かべ、ショックは隠しようがない。捜査官にとっても辛い瞬間です。

ガサ入れ開始

この手の事件は、通常、麻薬取締部の「相談対応課」が捜査にあたります。ところが、慢性人員不足の組織であり、閉庁日に偶然居合わせた私が相談に応じたこともあり、責任者（麻薬取締部長）の私が直接捜査の指揮を執ることとなりました。

私は直ちに捜査官を「現場＝翔太郎君の自宅アパート」に張り付かせ、捜査課長に捜索差押許可状（家宅捜索令状）の請求を指示しました。それから4日後の早朝、私たちは翔太郎君の部屋へ向かいました。家宅捜索、いわゆるガサ入れです。インターホン越しに「近所の者です。少しお話が」と伝えても返答はありません。ノックしても全く応じないため、致し方なく鍵を破壊し、ドアチェーンをねじ切って部屋へと踏み込みました。

ガサ入れの際、捜査官はただ闇雲に突入するわけではありません。このケースでは、まず1名の捜査官が室内に走り込み、ベランダ側の窓に向かいました。さらに、他の1名は流し台の前に陣取ります。被疑者が窓から飛び降りることを防ぎ、包丁で自傷するのを阻止するためです。使用者、ましてや薬物中毒の疑いがある被疑者に対峙する場合は、何より細心の注意が必要です。我々が押しかけたとき、室内には翔太郎君がひとりで、ベッド脇に呆然と立ち尽くしていました。一見して汗だくなのが分かります。「翔太郎君だな。麻薬取締官だ。覚醒剤事件で捜索にきた」と私たちが身分と来意を伝え、令状を示すと、彼は一瞬たじろいだものの、「来ると思ってたよ。ずっと向かいのビルから見てただろう。あんた知ってるよ。この間も尾行してたよね？」などと、若手捜査官を睨みながら嘯《うそぶ》きました。たしかに私たちは彼を監視していましたが、〝向かいのビル〟からではなく、若手捜査官は尾行に参加していません。薬物乱用の影響で被害妄想が発現しています。

「分かってるね。いまブツは持っているのか。使ってるんだろう?」

と、手持ちの違法薬物を全て提出するよう促すと、彼は一瞬態度を硬化させました。しかし、まもなく憮然とした表情で、「ほしけりゃどうぞ」と、自らテレビ台を指さしました。捜査官が捜索したところ、引き出しの中から小さなポリ袋入りの覚醒剤が数袋、大麻数袋、大麻種子らしき種、大麻リキッド入りと思わしきカートリッジ、MDMAのような錠剤数錠、さらに、注射器をはじめとする多数の証拠品を発見しました。「これは何だ。誰のものだ?」と尋ねても、「分かってるんでしょ。〝エス〟に〝野菜〟に〝リキッド〟に〝バツ(MDMAの俗称)〟だよ。僕のじゃなかったら誰のだよ? なぁ、あんたのか?」とふてぶてしく答えるばかり。なおも押し問答が続きます。

「これらのブツは売る目的で持っていたのか?」

「言えない。もうやめたかもよ。最近、使ってんのはエスだけかな。あと、野菜もときどき」

「最後はいつ使った。注射か?」と続けると、おもむろに左肘の内側を指しながら、

「見てたんだろ、夜中だよ」

「窓の目張り（ガムテープ張り）は何のためだ」

「覗くからでしょう。やり方が汚ねえよ」

やはり妄想が発現していると考えるべきでしょう。左腕には、覚醒剤注射の悲しさを物語る生々しいミミズ腫れの注射痕、なかには赤みがかった真新しいものもありました。ベッドの横には血液が付着したティッシュがくしゃくしゃに丸めて捨てられています。室内からは、パソコンにスマホ、電子秤、レターパックなど、多数の証拠品を発見しました。

そのなかでも、殴り書きされたメモの内容が記憶に残っています。翔太郎君の母親も語っていた「床に散乱しているメモ」です。そこには、こんな言葉が殴り書きされていました。

〈僕が悪いのは分かっている。でも、男を作ったおまえは絶対に許さない。立ち直って見返してやる〉〈お父さんとお母さんを裏切った。婆ちゃんも傷つけた。もう死ぬしかない……〉

前者は別れた恋人への想いでしょう。おそらく覚醒剤が原因となって彼女の側から離れたのだと思われます。一方で「立ち直って見返してやる」と書かれており、彼は自分のやっていることを認識し、後悔していると受け止めることができます。後者は覚醒剤に手を出し、両親と祖母を傷つけてしまったことへの自責の念でしょう。良心の呵責《かしゃく》に苛《さいな》まれ、自殺を考えている様子が窺えます。実は、依存や妄想の苦しさから逃れようと自ら命を絶つ者は決して珍しくありません。慢性中毒に陥った乱用者は人間的な感情を失《な》くしていると思われがちですが、そんなことはありません。彼らには反省と後悔の念が常にある。本来の自分が残されているわけです。

捜索終了と同時に、翔太郎君は覚醒剤所持で現行犯逮捕されることになりました。ショックで暴れるかとも思いましたが、予想に反して抵抗をみせず、むしろ、

「手錠を掛けるんでしょう、どうぞ。これで楽になれるかもしれないな」

と自ら両手を差し出すなど、思いのほか従順な様子でした。ただ、こうした反応はそれほど珍しくはありません。もちろん、凄まじい抵抗を受けることも多いのですが、その一方で、逮捕時に「ありがとう」と口にした被疑者もいました。つまり、薬物依存に関しては「自分の意志で止められない」ということです。翔太郎君もそうした心境だったのかも知れません。

サイレン音で激しい発作

翔太郎君を捜査車両に乗せ、私たちは麻薬取締部に向かいました。その車中、彼は若い捜査官と雑談に耽っていました。ところが、事態は急転します。救急車がサイレンを鳴らしながら捜査車両の横を通過しようとした瞬間、彼は突然、激しく身体を震わせながら「ウウー!!」と叫び声をあげて暴れ出したのです。「逮捕される!!」と意味不明の言葉を発し、頭痛を訴えて錯乱状態に。私が彼を抱きかかえ、「大丈夫だ! 心配するな!」となだめ、他の捜査官も手足を押さえて暴れるのを防ぎます。10分程度で落ち着きを取り戻しましたが、その後も何事かブツブツと言っていました。

麻薬取締部の取調室に到着すると、再びサイレンがどうのこうの、と意味不明のことを喚きだしました。興奮して立ち上がって全く話になりません。この状況は意図的な演技とも経験上思えない。これはまずいと、精神科に急行することにしました。母親にも電話し、事の顚末を伝えて病院に向かうよう促しました。

精神科の専門医が直ちに診察・精神鑑定し、所定の手続きを経て翔太郎君は即日入院となりました。〈覚醒剤中毒症状を呈しており自傷他害の〈自身を傷つけ、他人に害を及ぼす）おそれがある〉というのが理由だったと記憶しています。駆けつけた母は経緯を知って卒倒しそうになりましたが、入院と聞いてひとまず安心したようで、数日間、近所のホテルで待機することとなりました。

翔太郎君は、入院1か月余りで回復し、私たちは病院から身柄を引き継ぎました。専門医から聴取した彼の症状について、私は勉強のためメモ書きで残しています。定かでない部分もありますが、参考になると思いますので、少し紹介しましょう。

〈受診時、瞳孔は縮小しており対光反射は正常であったが、全身の発汗と痙攣発作及び強い精神運動性の興奮と独り言を認めた。意識は清明とはいえず、数時間であるが「せん妄（時間や場所が急に分からなくなる見当識障害など）」状態にあった。全身の「るい瘦《そう》（異常な体重減少）」も著しい。尿中の覚醒剤反応は陽性。両手肘関節側部と両足背《そくはい》（足の甲）静脈に多数の注射痕を認める。興奮が強いため○○他を静注（静脈注射）すると丸1日半をトイレ・食事を除いて殆ど熟睡している。3日目より食欲旺盛となるが、一方で下痢症状を認める。このような覚醒剤の典型的な退薬症状を見た後、次第に精神の安定を見るに至った。一時期、見られた状況反射的な妄想はすでに消失しスタッフに対しては従順で治療にも積極的に応じ回復は順調である〉

覚醒剤慢性中毒で入院した場合、翔太郎君のようにきちんと治療すれば多くは回復します。ただし、後遺症が残ることもありますし、中毒症状が回復しても依存症は往々にして残ると言われています。

「エスはすげえぞ」

退院後の翔太郎君は、私たちの取調べに素直に応じ、全面自供しました。母親が語ったように、根は真面目で素直な若者でした。

――いつ頃から薬物を覚えた？

翔太郎君：大学入学後にカフェでアルバイトを始めたんですが、そのバイト仲間の裕也（21歳）から〝野菜〟を勧められて、初めて薬物に手を出しました。ロックフェスに出かけた際に渡されたんです。周りの連中も吸っていたので、特に抵抗感はなく、見よう見まねで、手渡されたジョイントを吸いました。初めてお酒やタバコを勧められたのと同じような感覚でした。

――大麻の効果はどうだった？

翔太郎君：吸煙してまもなく、ライブの音が繊細で立体的に聞こえるようになりました。ハッピーな気分にもなっています。それから野菜に興味を持って、裕也からもらったり買ったりして数日に1回の割合で2か月くらい吸いました。その後、5ちゃんねるやツイッターを探し回って、密売人から手押しで買うように。野菜には多くの品種がありますが、僕は「ホワイトウィドウ」が好みです。フローラルでフルーティーな香りがして、リラックス感は突出しています！　ところが、ある日、手押しで野菜を買って帰宅する途中で、職質（職務質問）に遭ったんですね。警察官と目が合ったので早足で立ち去ろうとしたところ、呼び止められたのです。さいわい野菜は靴下のなかに隠していたので見つかりませんでしたが、冷や汗をかきました。以来、手押しはやめて、郵送で手に入れています。プッシャー（密売人）の口座に現金を振り込むとレターパックで送ってくれるんです。アパートの郵便受けだと紛失する可能性もあるので、局留めにして受け取っていました。

――薬物は大麻だけか。

翔太郎君：裕也から「エスはすげえぞ、一度やったら分かる」と勧められて、彼の持っていたエスを吸わせてもらいました。エスは覚醒剤だと分かっていたので、正直、抵抗はありましたが、「お試し程度ならいいか」と。一度、吸うと力が漲《みなぎ》って何でもできる気分になりましたね。「何だこれは、すげー！」って。以来、エスが気に入って大麻と一緒にネットで買うようになりました。

その後は、バツ（ＭＤＭＡ）、チャリ（コカイン）、紙（ＬＳＤ）、ダウナー系（抑制系）のハーブ（危険ドラッグ）もやりました。バツは愉快になって周囲の人と親しくなれるから、クラブに繰り出すときの必需品です。でも、後味が悪いんですよ。チャリは覚醒剤と一緒ですが、〝紙〟は別世界。万華鏡の世界に入って行けますが、そのうちワケが分からなくなる。ハーブは野菜に似ていますがまろやかさがない。ネットで薬物を買うと、違法なものを買っているという意識が芽生えず、軽いノリで買ってしまいます。メルカリで商品を眺めているうちに、興味を惹かれて注文してしまうのと似ています。言わせてもらいますが、ツイッターは問題ですよ。あれ放置していいんですか。中学生でも簡単に買える。野菜なんか５０００円も出せば簡単に手に入るんですから！

――君の指摘の通りだ。ところで、どの薬物が一番気に入った？

翔太郎君：エスです！　一瞬でガツンと気合いが入って、ぶっ飛びます！　ただ、食欲がなくなり眠れなくなるのがちょっと難点ですけどね。

このような経緯で翔太郎君は、ネットを通じて様々な薬物を購入し、最終的には覚醒剤をメインに使用するようになります。「ここ1年半はエスを使ってる。最近では毎日、酷いときには1日2回使うこともあった」とも供述しています。

――覚醒剤とコカイン（チャリ）は共に興奮効果がある。それでも覚醒剤の方が好きなのか。

翔太郎君：チャリはスニッフィング（鼻孔から吸引すること）でやりますが、これが好きになれません。鼻の穴がむずむずして痛くなる。それに質の悪いブツ（純度が低く効きの弱いコカイン）も出回っていて、当たり外れが激しいんです。持続時間が短くて、最初はドカンと脳に来るけれど、30分程度しかもたない。その点、エスは違います。純度にバラツキはなく3～4時間は効き目が持続する。

――使用方法は炙りか注射か。

翔太郎君：最初は炙りでした。小瓶にエスを入れて、下からライターで炙って立ち上る煙を手製のストローで吸引する。これはバイト仲間の裕也に教わりました。専用のガラスパイプを使うこともありました。ところが「注射は漏れが少なくて効率的だ。エスが血管を走り抜ける感覚がたまらねえ」と裕也から聞いて注射を始めました。ポンプ（注射器）はネットでいくらでも売っています。高くても1本100円。エスを1グラム買えばサービスで1、2本付いてくることもあった。

——うまく注射できたのか。あっちこっちに痣状の注射痕があるが。

翔太郎君：そうなんです。2か月くらいは上手く血管に針を刺すことができず苦労しました。腕や足の血管（静脈）に針の抜き刺しを繰り返しました。痛かったです。しかたなく皮下注射で済ませることもありましたが、そのうちにスムーズに針を刺すことができるように。腕にゴムバンドを巻いて血管を浮かせるとうまくいくんですよ。ズブッと針が血管に入ったのを確認してから、中筒を僅かに引くと血が逆流してきます。この瞬間に「セット完了」。そして、ゆっくりと中筒を押しながら注射器内のエスの溶液を血管に注入すると、エスが走り出します。全身をググッと回って行くのが分かります。ここが炙りとはひと味違うところです。ただし腕は注射の痕で傷だらけ、人に見せられたものじゃありません。

——注射使用の量や頻度は。

翔太郎君：そうですね。当初は1回0・03グラム（耳かき1杯分）でした。これを蒸留水かミネラルウォーターに溶かして注射していました。それが3か月も経たないうちに量が増えて行きました。慣れてくると同じ量では効かなくなるんですよ。そして、ほしくてほしくてたまらなくなる。ここ半年は1回0・1グラム位を注射しています。苛々したり嫌なことがあったりすると1日に2回注射することもありました。特に彼女と別れてからは学校にも行かなくなり、量も回数も増えています。

失恋の痛手から薬物に嵌る

似たような話はよく耳にします。心に苦痛が生じたり、孤独感に苛まれたりすると、それに呼応して薬物乱用は深みに嵌ります。薬物に逃避してしまうわけです。それにしても0・1グラムとは驚きです。これは乱用者のなかでもベテランが用いる量。当然ながら、自殺行為でもあります。

――最後に注射したのは。

翔太郎君：逮捕の前夜に1回、その深夜に追い打ちの一発と、計2回やったような記憶があります。なぜか苛々して、連続で注射してしまいました。注射すれば眠れなくなる、するとまた苛々してしまう。野菜を吸ってリラックスしようと思うのですが、目が冴え過ぎて上手くいきません。最近、こんなことが何回かありました。注射したエスは、その1週間位前に郵送で買った2グラムの一部です。馴染みのプッシャーから〝朗報！メキシコ産の極上品が入りましたよ！〟と連絡があったので注文しました、確か1グラム3万5000円だったと思います。

——彼女とは別れたのか。彼女に薬物を勧めたことは。

翔太郎君：最初は野菜を勧めました。「とても幸せになれるんだ。音色も変化するんだよ」と言って。彼女は特に抵抗することなく「マリファナか！　みんなやってんだよね」と言いながら吸煙して「これ、凄く落ち着くね。リラックス感がなんとも言えない」と気に入っていました。何度か一緒に吸っています。ところが自分がエスを始めてから関係がおかしくなります。

——エスも勧めたのか。

翔太郎君：はい。「エスやろうよ。スカッとするから。やってみろよ」と勧めたものの、「それ覚醒剤でしょ。平気なの？」と彼女は不安がっていました。僕に気を遣って、炙りを1回だけやりましたが、「心臓がドキドキする。頭と目が痛い、怖いよ」と言い出し、それ以後は一切応じてくれませんでした。それでも僕は、エスで興奮しながら彼女とセックスをしたかったので、しつこく勧めています。エスがダメならバツを飲ませようと思って、これも無理強いしましたが、彼女は頑なに拒否。そして、「翔太郎はおかしいよ。人が変わったみたい。もう嫌だ、警察に電話するから」と。次第に距離を置かれ、結局、フラれてしまいました。彼女は少し心臓が悪かったのですが、僕はそれを知りながらエスやバツを勧めていました。そして、彼女に断られると「男がいるんだろう。本当のことをいえ」などと罵り彼女を苦しめています。こんな嫌らしい自分になったのはエスの影響だと思いますが、自業自得です。本当に悪いことをしました。

――覚醒剤等の購入資金はどうした。

翔太郎君:親からの仕送り10万円や、バイトのお金を回したりしていましたが、これでは足りません。父がくれた200万円も使い切ってしまいました。父が闘病生活に入ったときに「何かあったらこれを使え、遺産と思え」と母に内緒でくれた金です。

――エスはいくらで買っていた。

翔太郎君:エスは約0・2~0・3グラムで1万円。1グラムで3万~4万円。野菜は

1グラム3000~7000円。バツは1錠3000~5000円、紙は1枚5000円位、チャリは1グラム3万~5万円程度です。

——君の部屋から沢山のレターパックが発見されている。大麻種子も発見された。

翔太郎君：使用済みのレターパックや宅配便の空箱は注文したブツが入っていたものです。種子はホワイトウィドウの種子で海外のカンナビス（大麻）サイトから買いました。25粒で確か100ドル位だったと記憶しています。栽培しようと思って。でも準備はまだです。

タタキに遭った素人「密売人」

翔太郎君から押収したスマホを精査すると、彼自身がツイッターで密売を始めた形跡が窺えました。レターパックで郵送していた可能性もあり、これについても質してみました。

——君のスマホを精査した。エスを密売していたのでは？ 電子秤もあったが。

翔太郎君：すみません。お金がなくなったのでエスで少し稼ごうと思い、ツイッターに販売広告を出しました。アカウント名(出品者名)を「Sweet Ice」にして〈ヨーロッパで調達、新種のエス、スイーツ風味。格安03、8000。〇〇限定手押し・全国郵送OK、極上野菜プレゼント〉という宣伝文句を投稿しています。アイスの絵文字も貼り付けました。

ネット上のプッシャーを真似て、秘匿メッセージアプリ「ウィッカー」のIDも記載しています。ウィッカーのセキュリティはピカイチです。情報が暗号化され、あなた方は追跡できないはずです。それにツイッター上のプッシャーは、みな秘匿アプリを使っていますので、使わなければプッシャーらしくないと思ったのも理由です。新品のポリ袋や電子秤もネットで買いました。

――ウィッカーを知っていたのか。その他、薬物の隠語、絵文字にも詳しいようだが。

翔太郎君:誰でも知っていますよ。今の若者なら直ぐに理解します。僕は情報工学を学んでいます。ネットの仕組みは当然のこと、大概のアプリは理解しています。

――客はついたのか。

翔太郎君:ええ、すぐに15人位から問い合わせがあって、3人の客に手押しでそれぞれ0・3グラムを8000円で売っています。場所は自宅から一駅先の駅周辺です。でも、手押しはこの3回だけでした。慌てて配達に出た際に、サイレンを鳴らしたパトカーが猛スピードで走ってきて僕の目の前で急停車しました。結局、まったく別の交通事故に駆けつけたパトカーだったけど、僕を捕まえに来たのかと思って震えちゃって……。それから〝タタキ（強盗）〟にも遭っています。17歳くらいの女の子から2度目の注文が入ったんです。それもエス3個。「リピーターができた！」と嬉しくなって、その日の夕方、エスとサービス品の野菜を持って彼女が指定した駅裏の駐車場に行きました。手を振る彼女に勇んで近づくと、いきなりヤンキー風の3人の男に囲まれたんです。「おまえ、何やってんだよ、エスの売りだろ？　警察へ通報するぞ」と凄まれました。「これはまずい、嵌められた」と思い咄嗟に逃げようとしましたが、そのとき、ガツンと頭突きが。すぐに胸ぐらを摑まれ、「俺たちがさー、預かってやるからよ、分かってんだろう」との脅し文句。もうひとりがナイフをチラつかせています。これでビビってしまいました。手に持っていたエスと野菜入りの封筒を仕方なしに手渡しました。すると、「お金も貸してくんない？」と今度は現金のタカリ。渋々、ズボンのポケットに入れていた現金数千円を差し出しました。頭突きの男は、現金を手にすると「これだけかよ、カードは？　スマホも貸せよ」とにじり寄ってきました。その瞬間、「助けて！」と僕は叫んだと思います。気が付くと走っていました。夢中で駅ビルを駆け抜けショッピングモールを2階まで駆け上がり便所に隠れました。もうドキドキです。便器に腰掛けトイレットペーパーで鼻血を拭っていると、〈今のなに、私、関係ないから〉〈今どこ、駅横ファミマにいるからきて〉〈ずっと待ってるから〉と客の女からの連続メッセージ。僕は嵌めたくせに、と思いながらもビビってしまい、返信はせず1時間以上、便所に身を潜めていました。いま思い出してもこんな怖い経験はありません。そして恐る恐る便所から出て、またダッシュです。残っていた僅かな小銭でバスに乗ってやっとアパートに帰り着きました。

翔太郎君は自宅に戻り、タタキグループへの腹いせに〈同業者のみなさん! このID〇〇の女、要注意! 見た目17歳・金髪のブス、タタキグループの一員〉と掲示板等に繰り返し投稿したとのことです。

翔太郎君:以来、怖くて郵送のみにしています。アカウントもタタキ対策のため〈氷屋集団〉と組織を連想させる名称に変えました。客にはレターパックでの郵送なら、ポストに投函するだけ。職質にあっても問題ないし、タタキに遭うこともない。郵送で売ったのは3回位かな。客に教えた代金の振込み口座はネットで買った他人名義の銀行口座です。

――素人が密売すると必ず襲われる。何故警察へ届けない？

翔太郎君：そんな！　僕はエスやっていますし、売買でのトラブルですよ。言えるわけないじゃないですか。弱みにつけ込まれたんです。悔しいけど、我慢するしかないです。たいした怪我でもありませんので。

――それにしても密売価格が安いな。たいした利益は出ないのでは。

翔太郎君：実は、まろやか風味ということでエスの結晶を細かく砕き、それにブドウ糖を混ぜていました。実質のエス量は1袋約0・15グラムです。ブドウ糖の甘みでまろやかさを出したつもりなのですが。僅かですが利益は出ています。ブドウ糖は1キロ、1000円位で買ったものです。サービス品にする野菜はレギュラーで一番安いものを確かグラム3000円で3グラム買い、それをサービス品にあてていました。

――客からの評判は？

翔太郎君：3人の客から「効きが悪過ぎる、何か混ぜてんだろう。この詐欺師が、金返せ！　必ずおまえを探しだす」と強い苦情が入りました。再注文してくる客もいない。つまり、リピーターが付かなかった。それで商売を休止しています。いずれ業販（中間卸）しているプッシャーから大量（10グラム以上）を安く仕入れ、それを小分けして水増しせずに売って儲けよう、野菜も栽培して一緒に販売しよう、注射器も大量に仕入れて販売しよう、アカウントも広告のキャッチコピーも変更して一からやり直そう、ブツの写真も掲示しようと思案していた矢先にあなた方に逮捕されてしまったのです。

――密売することに抵抗はなかったのか。

翔太郎君：手押しのときは、ドキドキしてやばいことをやっているとの気持ちになりましたが、郵送は何も感じませんでした。ネットで買った商品に手を加えて郵送するだけ。相手の顔もみない。ネット通販を始めたような感覚です。

親からもらった金が注射痕に化ける

結局、彼は乱用の果てに、密売に手を染めるまでになってしまいましたが、とても成功したとはいえません。絵に描いたような転落です。とはいえ、もし彼がより真剣に密売を考えたのなら、ネットで仲間を募って本格的に始めていた可能性もあります。

取調べの最後に、窓に目張りを施した理由と、逮捕当日の記憶（押送《おうそう》車両の中で突然取り乱したことなど）、覚醒剤に溺れた生活を振り返って何を感じるか尋ねてみました。

彼は遠い目をしながらこのように話しています。

翔太郎君：窓枠の隙間をテープで塞いだのは、覗かれるのを防ぐためです。それとパトカーのサイレン音を遮断するという目的もありました。「隣室の女やマトリ（麻薬取締官）がベランダから僕を監視している」と思えてならなかったんです。特に、隣の部屋の女は執拗でした。外廊下で顔を合わせたときには蔑むような目で僕を見ていました。あと、サイレンの音を聞くと「逮捕される」と無性に怖くなり、頭が割れそうになります。エスの影響で妄想が出ているとは分かっていたんですが、それでも不安で仕方がなかった。

逮捕されてあなた方の車に乗っていた時、大きなサイレンが聞こえてきました。そのとき急に息苦しくなって。あとは断片的な記憶しかありません。気がついたら病室のベッドに横たわってました。あんな風になったのは初めてです。

いま思えば、エスなんてやらなければ良かった。この一言ですよ。両親や彼女を傷つけてしまい、一生返すことができないほどの借金を抱えたような気分です。父からもらったお金が、全て腕の注射痕に化けてしまいました。気分が爽快になったのは最初だけ。あとはエスに支配されて、ただただ脳の求めに応じてエスを血管に補給するだけの生活。友達も去って行った。「もうやめたい！　早くやめなきゃ！」と毎日思っていました。でも、やめられない。「病院へ行こう」「どこかに相談しよう」とも思いましたが、最後まで勇気が出なかった。軽い気持ちで野菜に手を出して、気が付いたら〝シャブ中〟になっていました。

薬物の本当の怖さ

翔太郎君は、全てを自供しました。そして、覚醒剤所持・使用、麻薬（MDMA）、大麻の所持事実で起訴されています。彼にとっては幸いなことに営利事犯（密売事犯）は認定されませんでした。母親も情状証人として出廷し、最終的に執行猶予付きの判決を下されています。大学は自主退学し、実家に戻って生活を立て直す日々。専門病院で依存症の治療を受けながら、母親の仕事を熱心に手伝っていました。同時期に父親が他界したことも応《こた》えたのでしょう。母親からは「息子は生まれ変わったようです。これで主人も浮かばれます。ありがとうございました」と丁寧な挨拶を頂いています。

逮捕を機に自分の過ちと向き合い、温かい家族の支援のもと新たな人生を歩み始める――。誰もが翔太郎君の将来に期待したくなる展開でしょう。しかし、薬物の本当の怖さは〝ここから〟なのです。

端的に言うと、翔太郎君は再犯に及びました。それも、判決からわずか1年後のことでした。

「〝もう一度、IT関係の勉強がしたい〟と言うものですから、都内の専門学校に行くことを許可しました。ところが、すぐに様子がおかしくなりました。電話どころかメールやLINEにも応じません。まさかとは思うのですが……」

母親から悲痛な声で相談がありました。

私たちは、翔太郎君の新しいアパートに急行します。

怖れるような目をした彼が出てきました。半ばあきらめ顔です。

「なんだよ。やってねえよ」

「そうは思えないな。辛い生活を想い出せ、これでいいのか？　今なら間に合うぞ」

「……うん」

私たちは念のため、彼から尿の提出を受けました。鑑定の結果、覚醒剤反応は〝陽性〟でした。令状を取得し、室内を捜索したところ、少量の覚醒剤と注射器が無造作に置かれていました。彼自身の状態も芳しくない。母親に連絡して改めて病院へ同行しました。

前回ほど激しい症状は出ていなかったものの、妄想が発現しており、入院治療が必要との判断が下されました。退院後、直ちに身柄を確保。彼は覚醒剤の所持・使用罪で起訴されます。そして、前刑の執行猶予も取り消され、懲役へ行くこととなりました。

骨までしゃぶるから〝シャブ〟

翔太郎君は取調べで次のように供述しています。

「エスと縁のない生活を送っていました。専門学校に入学し、友人もできました。皆でお酒を飲んでいるときに、誰かが野菜の話を始めたんです。それを聞いているうちにふと気が大きくなって〝エスも野菜もチャリも全部やったことがある〟と、つい悪ぶってしまった。これで意識が戻ったというか、部屋でスマホを見ているとツイッターのエスの販売投稿に辿り着いていました。居ても立ってもいられなくなって、エスとポンプを注文して、近所のコンビニ前で受け取り、直ぐに部屋で注射してしまいました。久しぶりだったせいかアタリ（効き目）が強烈で気分が高揚し、髪の毛が逆立つような感覚。〝うわっ！　やっぱすげえな〟と感激したのを覚えています。でも、すぐに〝あいつら（マトリ）が来る、パトカーが来る〟と、例の恐怖心が蘇ってきました。再びサイレンに怯える生活が始まっても、やめることができないままずるずると嵌っていって。覚醒剤が、骨までしゃぶるから〝シャブ〟と呼ばれる意味がいまならよく分かります。僕はやっぱり依存症なんですよね……」

彼は、仮出所後、実家に戻っています。「今のところ落ち着いています。薬物依存症の人たちのグループミーティングにも参加し、彼なりに努力しているようです。息子は慢性病（依存症）を患っているのですよね。私も病気のことをいま勉強しています」。そう話す母親の電話が印象的でした。

私はこれまで数多くの事件に向き合ってきました。身体が震えるような凶悪犯罪組織との攻防もありますが、記憶に残っているのは翔太郎君のような悲しい事件ばかりです。子どもたちはこのように薬物に溺れ、深みに嵌って行きます。彼らに罪はありません。薬物の被害者なのです。ところが、被害者転じて加害者になることもある。翔太郎君は安直な考えで密売を始めましたが、それによって新たな被害者を生み出してしまう。ネット社会の進化・拡大によって、薬物密売の世界も大きく様変わりしました。誰でも密売人になれるのです。それこそ病院から処方された睡眠薬を売ることも可能です。こういった事実があることをみなさんには理解して頂きたいと思います。

第5章　乱用から依存、そして死へ
――薬物乱用者のリアルな証言

薬物乱用者は見た目で分かるのか

企業のコンプライアンス研修に参加すると、次のような質問をよく受けます。

「薬物を使用している人は〝よれている〟とか〝感情の起伏が激しくてすぐに怒り出す〟と聞きますが、実際はどんな感じなのでしょうか。薬物使用者を見抜く方法はありますか」

社員が薬物事犯で逮捕されれば一大事でしょうから、企業の人事や業務管理の担当者にすれば切実な問いかけだと思います。では、現実に、外見や挙動だけで薬物使用者を見抜くことは可能なのでしょうか。端的に申し上げると、答えは「ノー」です。

一般の方が想起する薬物乱用者の姿は、映画やテレビドラマで描かれる誇張されたイメージに過ぎません。たとえば、アルコールを摂取すると呼気の臭いや酩酊状態でそれと判断できますが、いわゆる違法薬物の場合、よほどのことがない限り周囲は気づきませんし、疑いすら抱かないと思います。そもそも、会社の部下が朝からふさぎ込んでいる、あるいはやけに饒舌だったとして、それが薬物に起因すると考える上司は少ないでしょうし、実際、その原因は薬物と無関係なことが大半です。しかし、かなり近しい間柄であっても、薬物使用に気づかない例は枚挙にいとまがありません。

入手先は意外な人物

ずいぶん前に、ある母親からの相談を受けて、彼女の18歳の娘・マリ（当時短大生）を覚醒剤事件で逮捕したことがあります。娘が夜も寝なくなり、食事をまともにとらずに痩せ細って、大学にも行かなくなった――。こうした変化を目の当たりにして、不安を覚えた母親は娘の部屋や持ち物を調べます。すると、バッグのなかから焦げ跡の付いたガラスパイプや、少量の白い粉末が入ったポリ袋が見つかった。娘に問い質したところ、「勝手に人のバッグを見るな！　あんたには関係ないだろ、うるさい！」と逆ギレする始末。動揺した母親が私どもの門を叩いたことで逮捕へと結びつきました。

逮捕後、娘は覚醒剤の所持と使用は素直に認めたものの、ブツの入手先については頑として供述を拒みました。説得を続けて何とか全面自供に至ったのですが、驚いたことに、ブツの入手先は母親の従兄弟のトシ（38歳）でした。しかも、彼は母親が経営するスナックの従業員だったのです。母親は夫が急逝した後、家業のスナックを引き継ぎます。トシはその頃から店を手伝ってきた、いわば母親の片腕のような存在。当然ながら、母親とは毎日顔を合わせ、娘を交えて家族ぐるみの付き合いをしていました。ところが、トシはマリに下心を抱き、母親に内緒で誘い出し、あろうことか覚醒剤を教えた。マリは自分から覚醒剤をねだるようになり、トシはその代償として肉体関係を求めたのです。私たちは早々にトシを逮捕。彼は覚醒剤に手を染めて3年になるベテランで依存状態にはありましたが、見かけは全く普通の男でした。

「トシを雇ってからの7～8年、週に5日は顔を合わせていました。それでも、覚醒剤をやっているとは思わなかった。アルバイトの女子大生に手を出すような、女癖の悪いところはありましたが、仕事はテキパキこなしていたし、仕事上の問題はありませんでした。従兄弟なのでお給料も多めに渡していたのに、なんでこんな畜生みたいなことを！」と、母親は泣き崩れました。

母親が二重、三重のショックを受けたことはお分かり頂けるはずです。愛する娘が覚醒剤に溺れ、その原因は自分の従兄弟にあった。しかも、それに気づくことができなかったわけですから。トシ本人は次のように後悔の弁を述べています。

「スナックの常連客の男からシャブを買い続けて、出勤前に毎日使っていた。集中力が増すからパチンコに行くときやセックスのときも欠かせなかった。年々、大人の女に成長する従姪のマリに性的魅力を感じ、自分の虜にするために〝ダイエットに効く〟と半ば騙すようにシャブを教えた。ホテルに連れて行くたび少量のシャブを渡していたが、マリは若いせいかシャブに溺れるまで時間はかからなかった。いま思えば自分がやったことは悪魔の所業としかいいようがない。取り返しのつかないことをしてしまった……」

トシは週2日アルバイトをしていた女子大生にも定期的に覚醒剤を渡していました。この女性にも覚醒剤を教えてセックスを強要していたのです。実に卑猥で卑劣な男です。それに加えて注目すべきは、ここまで身近で覚醒剤が蔓延していても、母親が異変に気づけなかったことです。薬物使用者を周囲が見抜くことはそれほど難しいのです。

実際、麻薬取締官であっても、そう簡単に薬物使用者を判別できるものではありません。事前に捜査対象が覚醒剤に手を出しているという情報があるからこそ、実際に対象の言動や振る舞いを目にし、さらに過去の経験を踏まえて「これはかなり嵌っているな」と推測できるのです。

もし子どもが薬物を使用していたとして、異変を察知できるのは同居している親御さんくらいのものです。子どものニュートラルな状態を知らなければ、些細な変調に気づくことはできません。「お金を無心する」「暴言を吐き、嘘をつく」「生活態度が乱れる」といった二次的な行動に「何かおかしい」と感じることで、はじめて薬物への疑念が生じるのです。

その上で、薬物問題を考える際には「乱用・依存・中毒」の違いと、その相関性を理解することが重要です。また、中枢神経に影響を及ぼす薬物の種類や作用について知っておかなければ適切な対応はできません。本章では薬物乱用のメカニズムと薬物の作用などについて分かりやすく解説します。

「乱用」の結果、「依存」が生じる

そもそも、「乱用」とは社会的なルールから外れるような目的や方法で薬物やその他のものを使用することを指します。乱用はあくまでも「行為」です。薬物を注射で打ったり、吸引して使うことを意味しています。

シンナーや接着剤などの有機溶剤にはそれぞれ本来の用途がありますが、そうした用途を外れ、吸引して酩酊感を得ることは「乱用」に当たるわけです。さきほどのトシのように、薬物乱用者のなかには何ら問題なく日常生活を送っている人が沢山います。この人たちは、まだ酷い「依存」に陥っていません。

「はじめに」でも説明しましたが、薬物乱用を繰り返した結果、脳が変容して「薬物がほしくてたまらない」「止めたくとも止められない」など、自分で自分をコントロールできなくなってしまう。こうした状態は「依存」に陥っていると言えます。つまり、依存は乱用の結果生じる〝症状〟なのです。「乱用は行為」、「依存は症状」という両者の違いをご理解ください。

WHO（世界保健機関）は薬物依存について〈薬物の精神作用を体験するため、あるいは、ときにはその薬物の欠乏からくる不快を避けるために、その薬物を継続的ないしは周期的に摂取したいという衝動を常に有する状態〉と定義しています。薬物依存はひとつの精神疾患なのです。精神保健福祉法でも、薬物依存症は精神疾患と規定されています。

薬物の持つ〝依存性〟とは、このように人の脳を変えてしまう性質のことを言います。したがって、覚醒剤などの乱用薬物は「依存性薬物」とも呼ばれています。そして、この依存性こそが「薬物の問題の根源」になるのです。依存性があることで、使用者はとめどなく薬物を欲し、そこから抜け出せなくなるわけです。

精神依存と身体依存

薬物依存の本質は精神依存とされていますが、便宜上、「精神依存」と「身体依存」に分けられます。精神依存は、薬物がほしいという欲求に抗しきれず、自制が利かなくなる「脳の障害」です。たとえば、タバコに含まれるニコチンは精神依存を引き起こす作用が強いとされます。タバコが切れた時、急にイライラとし始め、しまいには雨風のなかでも構わずタバコを買いに飛び出し、ありついた途端に気分が落ち着く。これなどは典型的な精神依存です。精神依存に起因するのが「薬物探索行動」で、読んで字の如く薬物を探す行動（行為）のことを言います。タバコが切れたときに職場の喫煙仲間に「1本くれるか」とねだったりするのも、無性にお酒が飲みたくなって深夜にコンビニや自動販売機に走るのもそうです。「もう覚醒剤はやらない！」と決意して、手持ちのパケ（小分け用のポリ袋）をゴミ箱に捨てたものの、すぐに気分が落ち着かなくなり、さきほどのゴミ箱をあさり始める。これなども典型的な薬物探索行動と言えます。

他方、薬物の効果が切れてくると手足が震えたり、痙攣発作を起こしたり、ときには身体の痛みで動けなくなったりすることがあります。これが身体依存です。ヘロインなどの抑制系の薬物では、このような「離脱症状」がよく見られますが、実は、アルコールもその一種に挙げられます。アルコール依存症の人は、アルコールの血中濃度が低下してくると頭痛や動悸、手足の震え、発汗、吐き気といった様々な症状に襲われ、重篤なケースでは幻覚や幻聴が生じることもあります。これらの症状から逃れようと、さらにアルコールに耽溺してしまう。覚醒剤やコカインは精神依存の代表格で、ヘロインやアルコールは身体依存と精神依存の両方を有しています。

一方、薬物の乱用を繰り返すと脳も身体も薬物に慣れて、同量では効かなくなる現象が生じます。これが「耐性」です。一旦、耐性ができあがると、徐々に、かつ確実に薬物の摂取量が増えていきます。覚醒剤の場合、当初0・03グラム程度の使用量だったものが、数年後には0・1グラムを注射するようになってしまう。抑制系のヘロインなどはより耐性ができやすいと言われており、使用量は目に見えて増加していく。つまり、

「依存」に加え、この「耐性」が事態を悪化させる引き金になるわけです。

なぜ5回も6回も逮捕されるのか

同じく、講習会で頻繁に尋ねられる質問として「何回くらい薬物を使うと〝依存症〟になってしまうのですか」というものがあります。個人差が大きいので一概には言えず、薬物の種類や使用期間、量によっても差が出るのは事実です。しかし、「1度だけ」と自分に言い訳をしながら、2度、3度と続けてしまい、知らず知らずのうちに依存に陥っているケースを幾度となく目にしてきました。そして、一旦、依存症に陥ると容易には回復しません。これまでお話ししてきたように、薬物依存症になると乱用が頻回となり、幻覚や妄想が発現するなど二次的な症状が生じ、これを「慢性中毒」と呼びます。覚醒剤慢性中毒がもたらす幻覚や妄想は3か月以内の治療で約80％が回復するとされますが、依存状態が何年にも及ぶことも珍しくありません。その間、乱用者は薬物への渇望をずっと我慢し続けているため、ふとしたことが〝引き金〟となってまた手を出してしまうわけです。何かの拍子に突然幻覚や妄想が再現する、「再燃（フラッシュバック）」という後遺症が残る場合もあります。

5回も6回も覚醒剤で逮捕されるタレントや元スポーツ選手がいることは皆さんもご存知の通りです。本人たちには気の毒ながら、彼らは典型的な依存症と言えます。1年、2年あるいは5年ほど使用を絶っても、ちょっとした出来事が原因で覚醒剤への渇望が湧き上がってくる。「やれば逮捕される。また刑務所だ。施設入りだ。マスコミに晒されて笑いものになる。もう終わりだ」と悩み苦しみます。彼らは皆、再び薬物に手を出す恐ろしさはもちろん、それによってどれほどのリスクを背負い、再起を支えてくれる親しい人たちを落胆させるか、きちんと理解しています。それでも手を出してしまう。

覚醒剤使用で何度も私のところに自首してきた男がいました。

「懲役でようやくシャブをやめることができると思ったのに、ただの〝中断〟だった。治療で元に戻れると思っても〝中断〟に過ぎなかった。やめていく連中もいるのに、どうしてオレだけが……」

男が明かした苦悩は依存症という慢性病をよく言い表しています。周囲の応援や、本人の意気込みはもちろん必要ですが、それだけで依存症を脱することは難しい。当然ながら、気合いや根性で乗り越えられる問題ではありません。薬物依存症は病気なのです。

人間は時間をかけて努力し、それが結実したときに達成感や満足感を得ます。他方、中枢神経に影響を与える依存性薬物は、時間をかけずダイレクトに至福感を与えてくれます。すると、それが体験・快感記憶として脳に刻まれる。精神医療の専門家は、依存症について「依存性薬物が脳の報酬系（著者注：欲求が満たされたときや満たされると分かったときに快感をもたらす神経系）にダメージを与え、脳が変容している状態」と解説します。

そのため、薬物依存に陥ると本人の思考にも変化を来《きた》し、文字通り、人が変わったようになります。そうなると、生活習慣を変え、思考を見直すプログラムを受けて、少しずつ脳を元の状態に戻して行く（リハビリして行く）しかありません。それは想像を絶するほど長く苦しい旅になります。

「慢性中毒」とは別に、薬物を一度に大量摂取したり、これまで試したことのない薬物に手を出したり、薬物使用時に体調不良だったりすると、意識混濁や錯乱、認知機能障害などに襲われることがあります。これは「急性中毒」と呼ばれ、依存に関係なく起きます。急性アルコール中毒もその一種です。急性中毒は、救急車で病院に搬送して適切な処置を施せば概ね回復します。

「乱用・依存・中毒」の違いと、関係性はご理解頂けたと思います。
その上で、薬物乱用者には以下の3つのケースがあります。

①乱用だけの乱用者
②依存に基づく慢性中毒のない乱用者（依存に陥っているが中毒に至っていない）
③慢性中毒にまで至った乱用者

①の場合、家族はなかなか変化に気付きません。②になって初めて異変を察知し、私たちのところに相談にきます。③の場合は、幻覚・妄想などの中毒症状を呈しますので、家族の驚きも尋常ではありません。大抵の場合、職場の同僚が明らかな違和感を覚えるのは③の段階まで症状が進行してからでしょう。①から②に至り、そして③に到達する。③の先に控えているのは「精神病」です。覚醒剤の場合は「覚醒剤精神病」という呼び名が付されています。慢性中毒は治療で回復しますが、依存症は治療だけでは回復困難でリハビリが必要です。③から回復したのに、②に戻るという悪循環を繰り返す乱用者は相当数います。だからこそ、依存から脱却させなければならないのです。

多岐にわたる薬物の種類と、その効果

続いて、依存性薬物の種類と作用について説明しましょう。

捜査現場で押収される薬物は30～40種に及びますが、日本で主として乱用されているのは、覚醒剤、大麻、コカイン、MDMA、LSD、睡眠薬及び指定薬物（危険ドラッグ）の一部です。ただ、近年では「ケタミン」という麻薬の乱用も顕著になっています。ケタミンは麻酔薬の一種で、幻覚及び抑制作用を有しており体外離脱感覚（意識が身体から離れ、自分の身体を空中から見ているような感覚）も生じるとされます。粉末形態で出回っており、クラブではMDMAのようにパーティードラッグとして使われています。すでに世界的に流行していて、中華圏では「Special K（スペシャルケイ）」や「K他命（ケタミン）」などと呼ばれ、若者が使用する薬物のトップの地位を占めている。日本でも今後、急速に蔓延することが懸念されます。

ヘロインは日本では1960年頃に大流行しましたが、現在では捜査の現場でもほとんど見聞きすることがありません。危険ドラッグの一種で悲惨な事件、事故を誘発した合成カンナビノイド類も下火になってきています。1990年代後半に流行したマジックマッシュルームと呼ばれる幻覚キノコも、2002年に国が麻薬原料植物に指定して

からは姿を消しました。薬物にも、時代に応じて流行り廃《すた》りがあるわけです。

すでに説明しているとおり、覚醒剤、コカインなどは脳を刺激して強制的に興奮させる興奮系（アッパー系）。ヘロインや大麻、睡眠薬は脳を麻痺させて気分を鎮めたり眠らせたりする抑制系（ダウナー系）。ＬＳＤ等の実際には存在しないものが見えたり聞こえたりする幻覚系（サイケデリック系）に分類されています。大麻は、幻覚作用も有しており、ＭＤＭＡは、興奮と幻覚作用、ケタミンは幻覚と抑制作用の両方を有しています。

記憶に残る乱用者「健太」の証言

私が何度か逮捕し、また、病院に搬送した薬物乱用者に健太という男がいます。生きていれば40代後半になりますが、残念ながら一昨年、心筋梗塞で命を落としました。原因は覚醒剤の過剰摂取と推察されます。

健太は学生時代にバックパッカーとして東南アジアや欧米各国を旅しました。そこでまず大麻を覚え、その後、覚醒剤、コカイン、ＭＤＭＡ、ＬＳＤ、ヘロインと次から次に新しい薬物を経験。危険ドラッグやペヨーテ（アメリカ南西部からメキシコ中部を原産とするウバタマサボテン。メスカリンという麻薬幻覚剤を含有する）まで経験したと聞いた時は、さすがの私も驚きました。3か国語を操る語学に長けた男で、大学卒業後も定職に就かず、思い立ったように海外放浪の旅を続けながら、時折、通訳をして生活費を稼いでいました。この健太が、ことあるごとに実体験に基づく薬物の作用を私に話してくれたのですが、これが未経験者にも分かりやすい。読者の皆さんに薬物を体験してもらうわけにはいかないので、イメージを摑むためにその一部を紹介しましょう。たとえば、「麻薬の王」の異名を取るヘロインについて、健太はこう話しています。

「禁断（退薬症状）が一番きついのはヘロインだね。心も身体もズタズタになる。ヘロインを注射するとなんとも言えない暖かさと幸福感が味わえるけど、効果が切れた瞬間、一気に地獄に突き落とされる感じ。骨や臓器がバラバラに引きちぎられるような激痛に襲われてね、皮膚も冷えきって体毛が逆立つんだ。涙と鼻水が止まらないし、下痢だって続く。〝助けてくれ、許してくれ〟と何度、神様にお願いしたことか。解毒施設に入所して何とか立ち直ることができたけど、ヘロインだけはもう二度と御免だね」

健太は、様々なドラッグの効き目について、「たとえば深夜、新宿駅に向かって新宿通りを車で走行中、新宿三丁目の交差点あたりで渋滞が発生したとしよう。そんなとき、車内でドラッグをやるとどうなるか」などと、体験談を交えて語ってくれました。

「まず、覚醒剤を注射すると、気分が高揚して全身に力が漲ってくるんだ。眠気がすっ飛んで疲れも感じなくなる。ところが、そのうち、ちょっとした渋滞にもイラ立つようになる。スマホをいじって気分を紛らわそうとしても、イライラは募るばかり。前の車に向かって〝何やってんだ、早く行けよ！〟と叫びたくなる。クラクションを鳴らすこともあるし、対向車がハイビームを向けて走ってきたら無性に腹が立って〝コラー！〟と怒鳴りたくなるからね。喧嘩しても負ける気がしない。車が流れ出すと、思わずアクセルを踏み込んで、前の車を一旦煽ってから追い越す。後ろからパトカーが迫ってくると、〝おいおい、追いつけるのか？　きてみろよ！〟と叫んでしまうかもしれないね」

「これが大麻の場合は全く違うんだ。渋滞に関係なくリラックスしてくる。〝そんなに急いでどうすんだよ。ゆっくり走ろうぜ〟ってね。車内に流れる音楽が繊細に聞こえて、〝いいね！　この曲〟と口ずさんでしまう。効き目の強い大麻リキッドを何服か吸うと、ネオンサインや対向車のヘッドライトがキラキラして、イルミネーションを眺めているような錯覚に襲われるんだ。でも、ハッキリ言って到底、まともな運転はできないな。とにかく反応が鈍くなるから事故を起こすこと請け合いだよ」

「ＬＳＤだって？　あれは大麻よりもっと強烈だな。時間の感覚がなくなって、光の渦のなかに放り込まれたみたいに、幻想的な雰囲気に包まれるんだ。走り去って行く対向車のライトが残像となって目の奥に残るし、信号が巨大化して襲って来ることもある。まぁ、何がなんだかワケが分からなくなるわけ。そのうちに運転中という意識も消し飛ぶから、LSDをキメながらハンドルを握るなんて殺人行為だよ！」

ちなみにヘロインの場合は、「キマっている最中は暖かい毛布に包まれているような感じで、身も心も軽くなって雲の上を彷徨っていると錯覚する。まぁ、運転なんかは無理だね。居眠り運転するだろうから」だそう。

健太はさらに場面を変えて話を続けます。たとえば、渋滞を抜けて家に帰り着いたものの、玄関の鍵を忘れたことに気づいた。なかには妻がいるはずだけど、チャイムを鳴らしても一向に応答がない。こんなときはどうなるか——。

「覚醒剤だったら、すぐにイラつきが始まって、それが怒りに変わってくる。扉をドンドン叩きながら〝帰ったぞ、開けろ！〟と繰り返し大声で叫ぶだろうね。自宅が戸建てなら庭に回って窓をガタガタ力任せに揺するはず。そのうち〝もしかして、俺を閉め出して浮気してるんじゃないか？〟という猜疑心に襲われて、〝オイコラ！　ぶち壊すぞ！〟と叫びながら窓を割って侵入するかもしれない」

「その点、大麻ならさほど気にならない。〝どうしたのかな？　眠いけど、まぁ、いいか。夜風に吹かれてもう1本吸うか〟と、こんな感じだ」

「LSDの場合は、そもそも自分がどこにいるかもよく分からないからね。鍵穴を覗き込んで〝あー、これ、万華鏡じゃねえか。すげー〟と引き込まれて行くだろう。それどころか、煙になって鍵穴から部屋に入って行く自分を見ることができるかもしれないよ」

「そのまま玄関に横たわって幸福感に浸り続けるのがヘロイン。ポワンとした気分のままね。ところが、意識の片隅で〝もし効果が切れてきたらどうしよう。残りのブツは部屋の中だ。部屋に入れなければ地獄が始まる……〟と大きな不安に襲われるようになるだろう」

深入りした先に待つのは死のみ

それぞれの薬物の作用について、イメージだけでも理解してもらえたでしょうか。健太の言葉は少々大げさで、極端とも言えます。でも、私はなぜか共感できるのです。多くの使用者に接するなかで、このような具体的な供述は少なくありません。

私が「コカインやMDMAはどうなんだ。危険ドラッグもやったのか?」と、その使用感を尋ねると、健太は悪びれることなく続けました。

「コカインはハリウッド映画にもよく出てくるお洒落なドラッグで、鼻からスニッフィングして使うだろ。効果は覚醒剤と似ているけど、20~30分しか持たないから、覚醒剤の方が安あがりでいいな」

「MDMAはあまり好きじゃない。若い頃はクラブに繰り出すときの必須アイテムだったけどさ。若い奴向けのドラッグだよ。元気が漲って、なぜだか周りの連中に親近感を覚えるんだ。たとえばクラブで1錠飲んだとしよう。30分もすると、見ず知らずの奴らと一緒になって騒いでる。でも、なぜかクスリが効いている間は、歯を食いしばったり、歯ぎしりをしてしまう。クスリが切れるとなんとも言えない焦燥感に襲われるね」

「ちなみに、危険ドラッグは本当に危ないよ。アメリカにいるとき、〝合成大麻〟と呼ばれるスパイスゴールド（商品名：合成カンナビノイド類の一種がハーブに添加されている）を試してみたけどさ。たった2、3服で意識がブッ飛んだ。大量に吸引した友達が突然、〝ウォー!〟と喚きながらバスの下に潜り込んで、地面に頭をぶつけだしたこともあった。血だらけになっても、なおガンガンと叩きつけている。危険ドラッグは簡単に人を狂わせてしまうドラッグだ。使用者は〝ゾンビ〟と気味悪がられていたし、流行期には多くの死者が出てるだろ。あれはドラッグじゃない、ただの毒だよ！」

いずれも「なるほどなぁ」と、的を射た話に思えました。

語学に興味があり、海外の庶民文化を学びたいという思いから、バックパッカーになった健太。旅先で気が緩んだのかは分かりませんが、マレーシアのペナン島で知り合った現地の男の誘いで大麻を覚え、一気にドラッグの深みに嵌っていったそうです。ネパールのポカラでは〝ロイヤルネパール〟というＴＨＣ濃度が高い大麻に出会い、ますます大麻通に。その後、タイのパタヤでヤーバ（錠剤型覚醒剤）、クラトム（幻覚剤ミトラギニンを含む植物：日本では指定薬物として規制）などの薬物に接し、ロサンゼルスやロンドンでは、コカインやＭＤＭＡ、ＬＳＤを経験します。

大学卒業後、再び訪れた東南アジアでヘロインに溺れ、地獄の苦しみを味わいます。施設に入って何とか立ち直ったそうですが、帰国後、今度は覚醒剤の注射使用に嵌ってしまいました。そして、入退院を繰り返し、最後には心臓病で命を落としています。

「肝臓をはじめ全身の臓器に障害が出ていた」と彼の姉は話していました。

単なる興味から大麻に手を出し、それからよりハードな薬物へ移行。ついには命を落とすという悲しいケースです。覚醒剤では慢性中毒に陥り、治療で回復しても、また、覚醒剤の魔力に引き戻されてしまう。「スマホとネットがあれば世界中どこからでも安いエスを買うことができる」と仲間内に豪語していたそうですが、結局、依存から脱却することはできなかった。20年ほど前に、彼の姉から相談を受けたことがきっかけで彼との縁が生まれ、私は取締官という立場を越えて彼と接してきました。彼の方もなぜだか妙に慕ってくれて、海外からカードを送ってきたり、定期的に電話を寄越しては他愛ない雑談をしていました。それだけに姉から突然の訃報を聞かされたときはショックでした。

深入りすると、刑事的な措置によっても、医療的な措置によっても、薬物から抜け出すことができなくなる。彼の死を通して改めてこの事実を学んだ気がします。

第6章　危険ドラッグが奪った人生

――「被害者にも加害者にもなってほしくない」

猛毒「危険ドラッグ」

２０１４年、東京・池袋や福岡市・天神で制御を失った車両が次々と歩行者を撥《は》ね飛ばし、先行車両に猛然と突っ込むなどして大勢の死傷者を出す事故が相次ぎました。東京・世田谷区では、隣室の女性宅に押し入った男が奇声を上げながらいきなり女性に切りつけ11か所もの怪我を負わせています。海外の捜査機関からも「錯乱した男が通行人の鼻を食いちぎった」「裸の男が隣家に侵入してペットの犬を嚙み殺した」などという身の毛がよだつような事件情報が続々と届きました。

これらの事件の引き金となったのは、当時、爆発的に流行した〝危険ドラッグ〟に他なりません。意識を朦朧とさせながら涎《よだれ》を垂れ流す男や、「オオー‼」とけたたましい雄叫《おたけ》びを上げる使用者の姿がテレビ画面に映し出され、社会の耳目を集めたことは記憶されている方も多いと思います。
この時期、危険ドラッグの推定使用者は約40万人に上りました。14年だけでも危険ドラッグの使用が原因で１１２人が死亡し、使用者が運転する自動車の暴走で４人の市民が命を落としています。検挙者の多くが初犯者で、その数は８９７人（前年の約5倍）。病院への搬送者は数百人に及ぶ異常事態に陥りました。

「はじめに」でもお話ししたとおり、１９９０年代初頭にイラン人薬物密売組織が疾風のように現れ、大都市圏を中心に多種多剤の無差別密売が拡大。90年代後半にはネットを媒介する薬物売買が本格化し、私たち捜査官を驚愕させました。

しかし、危険ドラッグの蔓延は、過去の捜査課題と比較しても別次元の衝撃を私たちに与えています。危険ドラッグは、日本の薬物犯罪史上類を見ないほど、大規模かつ悲惨な事件・事故を誘発し続けたからです。もはや薬物犯罪というより得体の知れない猛毒ウィルスがもたらした「パンデミック」と呼ぶのが相応《ふさわ》しい有り様でした。目の前で意味不明の言葉をがなり立てる男が、電柱に何度も頭を叩きつけて血だらけになっていく。使用者の異様な姿は未だに忘れられません。

危険ドラッグとは、麻薬などに類似する未規制の有害物質を含み、多幸感や快感、幻覚作用などを得る目的で使用される製品の総称です。そこには、乾燥植物片（ハーブ）、液体（リキッド）、粉末（パウダー）、錠剤といった様々な形態があり、合法ハーブ、お香、芳香剤、ビデオクリーナー、アロマ、入浴剤、試薬などと称して繁華街の店舗やネットで販売されていました。そして、未規制の物質のみならず医薬品医療機器等法上の指定薬物（※麻薬の類似品。より有害性が確認されれば麻薬に格上げされる）や、麻薬自体を含有していることも珍しくありませんでした。1袋3000〜5000円が相場で、厚生労働省のホームページで、ある「物質」の規制予定が公表されると、その物質を含む危険ドラッグが500〜1000円で乱売されることも。

こうした製品は「脱法ドラッグ（ハーブ）」や「合法ドラッグ」と呼ばれていましたが、これでは危険性が伝わらないとして2014年7月、国は統一名称を公募して、「危険ドラッグ」に呼称変更した経緯があります。厚生労働省は個々の物質が持つ有害性や危険性を詳細に調査し、迅速に指定薬物へと指定するほか、「包括指定（※既に規制されている物質の構造の一部を変えて次々と新しいものが作り出されるため、予《あらかじ》め網を掛ける目的で一定の物質群を包括して指定すること。後述する合成カンナビノイド類等が対象となっている）」も導入しました。しかし、一時はこの指定を上回るスピードで次々に新種が生み出され、「果てしなく続くイタチごっこ」「取り締まりの限界を露呈」などと揶揄されたものです。製造元はほとんどが中国で、巧妙に輸入されていました。

数週間で「新種」が登場

参考までにお話しすると製薬会社が医薬品を世に出すためには通常15～20年もの年月と、数百～数千億円に及ぶ費用がかかります。ところが、危険ドラッグはわずか数週間で「新種」が開発され、市中に出回り続けていたわけです。

危険ドラッグの原料として用いられる物質は大別して2種類あります。まずは、作用が大麻成分のTHCと酷似し、合成マリファナ（synthetic marijuana）とも呼ばれる「合成カンナビノイド類」。もうひとつは覚醒剤様の興奮作用を持つ「合成カチノン類」です。その他にLSDのような幻覚物質や、異種作用の混合物もあり、さらに、複数の麻薬が混入するに至っては、もはや正確な判別は不可能というのが実情でした。合成カンナビノイドのなかには、すでに指定薬物を経て、麻薬に格上げされているものもありますが、大麻の100倍以上の作用を有するものも珍しくなく、これが多くの惨事を引き起こしました。喩えるなら、一瞬にして人間を狂わせる得体の知れない「猛毒」と形容する以外ありませんでした。

たとえば、作用の強烈な合成カンナビノイドが混ぜられたハーブを吸引したとしましょう。すぐに多幸感に包まれ、脈拍数が急上昇します。続いて幻覚・幻聴が現れて思考が分裂し、空間や時間感覚に歪みが生じる。摂取量が多く、体調が悪かったりすれば、運動失調（※神経系の障害による、ふらつき、呂律《ろれつ》が回らないなどの症状の総称）や記憶障害を来します。痙攣やカタレプシー（※強硬症：一定の姿勢から動けなくなる症状）が発生し、後者の場合は身体がカチカチに固まって動かすこともできない。車の運転中にそんな状態に陥れば、ハンドル操作もままならず、アクセルをベタ踏みしたまま、先行車両に突っ込んでしまう。運良く一命を取り留めたとしても、何が起こったか記憶に残っておらず、ただ、目の前の惨状を呆然と眺める以外にありません。

遺族の悲痛な胸中と、切なる願い

２０１２〜14年にかけて危険ドラッグは１００件を超える悲惨な事件・事故を誘発しました。一般市民を巻き込んだ事件・事故では次のようなものがありました。いずれも加害者は危険ドラッグを使用しています。

①2012年5月：大阪市の商店街で男が運転する車が女性をひき逃げして重傷を負わせる。

②同年10月：愛知県春日井市で男が運転する車が女子高校生をはねて死亡させる。

③2014年1月：香川県善通寺市で男が運転する車が女児をはねて死亡させる。

④同年2月：福岡市・天神で男が運転する車が次々と周辺車に衝突し15人を負傷させる。

⑤同年5月：長野県中野市で少年が運転する車が対向車線を逆走し次々と車に衝突。男性を死亡させる他、別の車の3人に重軽傷を負わせる。

⑥同年5月：愛知県知立《ちりゅう》市でブラジル人の男が拳銃を奪って警察官に発砲し負傷させる。

⑦同年6月：東京・池袋で男が運転する車が次々と通行人をはね、8人を死傷させる。

⑧同年12月：東京・世田谷区で隣室の女性宅に押し入った男が奇声を上げながらいきなり女性に切りつけ11か所もの怪我を負わせる。さらに、男は、警察官に現行犯逮捕される際、「しぇしぇしぇのしぇー」など意味不明な叫び声を上げて暴れる。

右記の事件・事故のうち、私は③と⑤について調査を続けてきました。その一部を紹介させてください。突如として何の罪もない子どもを奪われた親の悲痛な思い、さらに、薬物の撲滅や命の大切さを伝える活動に尽力する遺族の姿を知って頂ければ、危険ドラッグをはじめとする薬物の怖さや、薬物乱用を阻止しなければならない理由が伝わると考えています（以下、ご遺族の了承を得て記載）。

〈長野県中野市での事故〉

２０１８年2月20日、社会奉仕に取り組む「国際ロータリー第２６６０地区（大阪府北部地域で活動し、当時は82のロータリークラブで構成）」は、危険ドラッグ等薬物撲滅のために作成したＤＶＤ「若者の未来を守るために　違法薬物撲滅を目指して（編集者　猪俣由宇）」を危険ドラッグの事故で子どもさんを亡くした遺族、川上哲義さん（当時61歳）、秋山隆志さん（当時48歳）と共に加藤勝信厚生労働大臣（当時）に手渡しました。

会見を開いた川上さんは、「若い人たちに薬物の怖さを知ってもらうことが薬物の撲滅に繋がる。ＤＶＤを活用して危険な薬物がなくなる世の中にしてほしい」と訴えました。秋山さんは、「娘が生きていたらこの4月で高校生になるはずだった。娘の命が無駄にならないよう薬物の危険性を学んでもらいたい」と呼びかけています。川上さんは、⑤の事件で長男の育也さん（当時25歳、消防士）を亡くし、秋山さんは、③の事件でひとり娘の実久《みく》さん（当時11歳、小学5年生）を亡くしています。

「国際ロータリー第2660地区」は、15年5月に〝考えよう子供達の未来を！〟をテーマにしたフェスティバルを開催。危険ドラッグ撲滅をスローガンとするパレードやチャリティーコンサートを行いました。その結果、多くの寄付金が集まり、これを薬物撲滅に有効活用するために啓発用DVDを制作したという経緯があります。川上さん、秋山さんも協力され、私も関わっています。

DVDには、川上さんの長男・育也さんが乗っていた車が、危険ドラッグを吸引して無免許運転する少年の車に衝突される衝撃的なシーンを含む、ドライブレコーダーの映像が収められています。私のような元捜査官であっても思わず息を呑んでしまうような映像です。

事故は14年5月14日の午前11時50分頃、長野県中野市草間の県道交差点近くで発生しました。被害者となった消防士の育也さんは、夜勤を終えて自家用車で帰宅途中でした。交差点に向かって走行していた育也さんは、信号が青になった瞬間、前方から時速12

0キロを超える猛スピードで逆走してくる黒い乗用車を目にします。その車は交差点内で1台の車を撥ね飛ばし、その弾みで横転。猛回転しながら育也さんの車に激突しました。育也さんの車は20メートルも撥ね飛ばされて大破し、育也さんご自身はほぼ即死の状態で命を落としました。他の車に乗っていた3人も重軽傷を負っています。

育也さんは事故の18日前に入籍したばかりで、4か月後に結婚披露宴を控えていました。「レスキュー隊員になって人の命を助けたい」と憧れの消防士になって3年。まさに幸せと希望の絶頂にあったのです。

大事故を起こした黒い車を運転していたのは少年A（当時19歳）で、危険ドラッグを吸引した直後でした。事故後もAの手足は硬直し、アクセルを踏み込んだまま意識は朦朧としており、同乗するB（当時21歳）も危険ドラッグを吸引し、酩酊状態にありました。〝無念〟以外に言葉が浮かばないような凄惨な事故です。

父親の哲義さんはこのように語っています。

「自分の決めた夢に向かって走り続けて、その途中で事故に巻き込まれたから……。〝病院にいま運ばれているので来て頂きたい〟という連絡でした。もう何も浮かばないですよね、ああいうときって。本当にいま考えてもあれからの記憶が……。雲の上をフワフワしていたような状態で。うちのかみさんが、もう全然動けない状態になってしまって。車の中から薬物が見つかったという報道を聞いたのが〝薬物〟というものを認識した最初です。人間としてはやっぱりね。やっちゃいけないことだし、それも含めて私たちは本当に許せないですね。もっと薬物の恐ろしさを知ってもらいたい。そういう薬物だとか負の方へ足を踏み入れてしまうと、それこそ取り返しがつかないことになってしまう。自分も含め、大勢の人が苦しむことになってしまう。常に心のブレーキを踏んでもらいたい。そう思っています」

哲義さんは、ドラレコの映像を直視することができなかったそうです。それでも、「どんな言葉よりもこの映像が薬物の恐ろしさを伝えてくれるのではないか。子どもたちの教育に活用してもらいたい」という思いでDVDの制作に協力したそうです。

そして、「こんな事故は二度と起きてほしくない。息子の死を無駄にしてほしくない。被害者も加害者も、その家族も地獄のような日々になる。自分に何ができるだろう。私には思いを語ることしかできないが、伝えるしかない。薬物の根絶を訴えるしかない」と考え、現在は薬物乱用防止活動に尽力しています。

長野地裁は2015年11月、危険ドラッグを吸引して車を無免許運転し、3人を死傷させたとして危険運転致死傷などの罪に問われた加害者の元少年Aに対し、懲役13年を言い渡しました。16年6月には、同乗者のBにも危険運転致死傷幇助《ほうじょ》（※犯罪行為を手助け・手伝うこと）などの罪で懲役6年の実刑判決が下されています。

〈香川県善通寺市での事故〉

一方、香川県の秋山さんは次のような事故で娘さんを失いました。育也さんが亡くなった長野県の事故から遡ること4か月前。14年1月29日の午後3時10分頃、香川県善通寺市木徳町付近にある県道のなだらかなカーブで事故は起きました。当時小学校5年生だった実久さんは、いつものように友達と一緒に道路の路肩を歩きながら下校していました。そこにカーブを曲がりきれず対向車線側へ飛び出した軽自動車が猛スピードで突っ込んできたのです。

「実久ちゃんが事故に！　早くきて！」

と友達が秋山さん宅の玄関先に走り込んできました。実久さんの帰りを待っていた父親の隆志さんは大慌てで現場へ駆けつけます。すると、救急隊員が実久さんに心臓マッサージを施しているところでした。「実久！　実久！　実久！」と隆志さんが繰り返し声を掛けても反応はありません。くも膜下出血を起こし、呼吸も停止した状態でした。その後、心臓の鼓動は戻ったものの、意識は回復せず、事故から9日後に実久さんはご両親に看取られながら息を引き取ります。

運転していたのは無職のC（当時29歳）。運転の直前に危険ドラッグを吸引していました。

母親の裕紀子さんは、事故直後から日記を綴っています。「実久」と何度も何度もペンでなぞり続けたのでしょう。筆圧で破れてしまった部分が悲しみの深さを物語ります。「加害者の主張に腹が立ってペンを突き刺したこともありました」と裕紀子さんは胸中を吐露しています。

看護師だった裕紀子さんは悲しみのどん底のなかで「グリーフケア」に救われたと言います。グリーフ（grief）とは、身近な人や大切な人を失った悲嘆や深い悲しみを意味し、グリーフケアとは、そうした思いを抱える人たちに寄り添い、心のケアを含めた手助けをすることで、心身を回復させる取り組みを言います。アメリカで始まったとされるこの取り組みは、日本では1995年の阪神淡路大震災を機に導入され、2011年の東日本大震災でも重要視されたと聞きます。

そして、裕紀子さんは自ら「日本グリーフケア協会」が認定する〝グリーフケアアドバイザー〟の最上位に当たる特級資格を取得し、「私たちにとってグリーフケアが唯一のよりどころだったように、同じ境遇の遺族の方の心のケアになればと思っています」と同じような経験をした人たちへの心の支援を始めています。ご主人の隆志さんも、薬物乱用防止活動に参加しながら、同じくグリーフケアアドバイザーの特級資格を取りました。そして、裕紀子さんと共に悲嘆の中にいる人たちへの支援活動を続けています。

お二人は取材や講演依頼にも積極的に応じ、次のように話しています。

「薬物乱用防止啓発活動というのもそのひとつなのですけど、被害者に対しての支援とかそういう広い意味で活動をしています。体験者として少しずつでも話して行ければと思っています。初めの1年は裁判に向けて大変な時期で犯人に対しても強い怒りや憎しみを持ち続けていました。でも、事故からの6年間、いろいろな人と話したり、講演などを通じて少しずつ犯人に対しての怒りや憎しみが少なくなってきたような気がします。グリーフケアアドバイザーの資格を取得して良かったと思います。きっかけはどうしても実久が亡くなったというのがあるので……。実久に『頑張って』と言ってもらいたいですね。今度は自分が同じ境遇にある人たちの心のケアができるようになればと思って

います」（隆志さん）

「私たちは好きで被害者の遺族になったわけではない。娘も好きで被害者になったわけではありません。お伝えしたいのは、被害者にも加害者にもなってほしくないということです。それを未然に防ぐのは家庭であったり地域であったりだと思うのです。薬物犯罪をなくしたい！　そのためには私たちの経験をお伝えできればいいかな、と思っています。そして、これからの世代の子どもたちに、これから親になる世代に命の大切さを伝えていけたらと思います。被害者にも加害者にもならない。そういう社会になって、次の世代、その次の世代が伸び伸びと安心して生活できるような社会ができればいいなと心から思っています」（裕紀子さん）

先述のＤＶＤの編集者でもある、ロータリークラブの猪俣由宇さんは、取材を続けるなかで強い衝撃を受け、薬物犯罪の現実を目の当たりにしたと言います。

「私は薬物で大勢の人が亡くなるなんて海の向こうの遠い国や映画の中で起きていることだと思っていました。しかし、現実を知ったことで決して対岸の火事ではない、他人事ではないということを理解したのです。川上さんと秋山さんは、一瞬にして子どもさんの命を奪われました。当然ながら人生が急転します。どうして、このような悲劇が起るのでしょうか。消防士になる夢を叶《かな》え、希望に満ち溢れた若者が、いつも満面に笑みを浮かべていた優しい少女が突然、人生を奪われる。あまりにも理不尽で、悲し過ぎます。公判を傍聴して悲しみと怒りが湧き上がってきましたが、同時に、生まれて初めて薬物の弊害や恐ろしさを実感し、それが私たちの身近に迫っていることを知りました。私にも子どもがいます。親として、そして社会奉仕団体に身を置く者として、これまで以上に薬物乱用防止に取り組まなければ、と気持ちを新たにしています。もっと多くの方々に川上さんや秋山さんの体験談を聞いてもらいたい。そして、子どもたちを守ってもらいたいと思います」

２０１５年1月、高松地裁は実久さんの命を奪い、危険運転致死罪に問われたCに対して懲役12年の判決を言い渡しました。「被告は事故の直前に危険ドラッグを吸引し、その影響で身体が硬直、ハンドルやブレーキ操作ができない状態となった」と認定。「今回の事故は危険運転の類型の中で重い部類に属している。被告は危険ドラッグの影響で正常な運転ができなくなることを明確に認識しており、より強い非難に値する」とも指摘しています。

二度と悲劇を繰り返してはならない

危険ドラッグは多くの悲劇を誘発しました。事態を重く受け止めた政府は、2014年7月に「危険ドラッグの乱用の根絶のための緊急対策」を策定。国・自治体・民間を挙げて取り組みを強化しています。私たち麻薬取締部も「危険ドラッグ取締対策本部」を設置し、麻薬取締官の大半を投入して組織の威信をかけて戦いました。警察や関係機関と一体となり徹底した取り締まりを進めた結果、15年7月8日に全国215の危険ドラッグ販売店舗を全滅させることができました。とはいえ、失われた命が元通りになるわけではなく、私たちも諸手を挙げて喜べる状況ではありませんでした。

当時、麻薬取締部の責任者だった私は、ニュースで交通事故と聞くたびに「また危険ドラッグか!」と冷や汗をかいたことを思い出します。私の40年近い麻薬取締官人生を振り返っても、このような薬物と遭遇したのは初めてでした。いま思い起こしても危険ドラッグは未知の「殺人兵器」としか言いようがありません。

危険ドラッグは未だにネット上で販売されています。海外では死の麻薬・フェンタニルが流行し、日本でも覚醒剤をはじめ、あらゆる薬物が無差別に密売されています。また、大麻が交通事故を誘発する危険性について指摘されているのも事実です。

ネットには薬物情報が溢れ、SNSを通じて様々な薬物を容易に購入することができます。安直な気持ちでこれらの危険な薬物を使用するとどうなるか。自分の健康を害するのみならず、最悪の場合、全く罪のない人の命を奪ってしまうこともあると認識してもらいたいと思います。

- **自分も含め大勢の人が苦しむことになってしまう。**
- **被害者も加害者もその家族も地獄のような日々を送ることになる。**
- **子どもの死を無駄にしてほしくない。**
- **若い人たちにもっと薬物の恐ろしさを知ってもらいたい。**
- **被害者にも加害者にもならないでほしい。**

川上さん、秋山さんのこの言葉を絶対に忘れてはなりません。

第7章　緊急提言：大麻合法化は危険である

「大麻の何がいけないの？」

　コロナ禍以降、世界中で大麻が爆発的に蔓延しており、誠に残念ながら、日本でも「誰もが簡単に大麻を手に入れることのできる環境」が整ってきました。第2章の亜紀さんを含め、若者が何の危機感も持たず、警戒心も抱かないまま、いとも簡単に大麻を手に入れています。その背景にカナダやアメリカの一部の州をはじめとする大麻政策の転換、いわゆる「合法化」があることは間違いありません。一方、日本においてはいまも大麻取締法によってその所持が禁じられています。それでは皆さんは、子どもから次のように尋ねられたらどう答えるでしょうか。

「ねぇ、大麻の何がいけないの？」

　この質問に答えるのは専門家であってもなかなか難しいものがあります。そう、他の薬物と比べても、大麻は「その危険性を正確に指摘しづらい」のです。親の側が返答に困っていると、子どもたちは次のように続けます。

「覚醒剤と違って大麻は自然由来だから健康被害も少ないんでしょ？」

「欧米では次々に合法化されているのに、日本で使えないのはおかしくない？」

「タバコは大麻より依存性が強いみたいだけど、どうして合法なの？」

好奇心旺盛な子どもたちはネットで情報を収集し、すぐに大人を上回る情報量を得ていきます。われわれ専門家からすれば、まだ世間一般の常識を知らない子どもたちが、薬物についてだけ生半可な知識を詰め込むことは何よりも危険です。しかし、それと同じくらい深刻に感じているのは、大人の側に知識が圧倒的に不足していて、薬物に関心を示す子どもたちを説得する言葉を持たない現状です。

そこで、本章では大麻問題の基礎知識について解説したいと思います。以下に、メディアの取材や薬物勉強会で寄せられる質問と、それに対する私たちの回答や見解の一部をまとめてみました。専門的なテーマにも触れますが、すべてを理解する必要はありません。概要を把握した上で、大麻の何が「問題」なのかを考えていきましょう。

そもそも、「大麻」とは何ですか

大麻とは、植物の「アサ（麻）」と理解してもらえれば結構です。バラ目アサ科アサ属に分類される雌雄異株（※雄花と雌花が別々）の一年生植物（一年生草本）で、「カンナビス・サティバ・エル（Cannabis sativa L.）」という学名で呼ばれています。植物学的には、「サティバ（Sativa）種」、「インディカ（Indica）種」の2亜種（※同一種に属する品種）と4変種（※亜種の下の階級で大きさなどが区別できる個体）が存在するのですが、植物は環境要因によって容易に変化するので、すべてのアサにカンナビス・サティバ・エルの名を用いることが妥当だといわれています。

大麻は西アジアから中央アジアが原産地とみなされているものの、実際には世界中に広く自生しており、日本を含む多くの国々で古くから繊維の材料に利用されてきました。一方で、大麻の持つ作用を使った宗教儀式が行われ、兵士が士気高揚のために大麻を用いたという歴史もあります。実際、英語の「アサシン＝assassin（暗殺者）」は、アラビア語の「ハシシ＝hashish（大麻樹脂）を飲む人」を語源にするとされ、イスラム戦士は大麻樹脂（ハシシ）を口にしながら、十字軍戦士の暗殺に向かったという逸話もあるほどです。

大麻草の葉は、緑色で鋭い角状（ギザギザ状）をしており、それが3〜9枚（奇数枚）集まって掌《てのひら》のような形状を呈しています。茎はほぼ垂直に成育し、草丈は1〜3メートル、茎の太さは2〜3センチといったところです。顔を近づけると、青臭くて甘ったるい独特の刺激臭が鼻をつきます。私の現役時代、ある事件で栽培中の大麻草を1000株以上、押収した際には、保管した執務室から廊下にまで大麻臭が流れ出て、難儀したことを思い出します。

日本の大麻取締法では、規制対象を「大麻草（カンナビス・サティバ・エル）及びその製品」とし、「大麻草の成熟した茎及びその製品（樹脂を除く。）並びに大麻草の種子及びその製品を除く」としています（大麻取締法第一条）。なぜ、茎や種子を除くのかは後述させてください。

大麻草にはアルカロイドなどの成分とともに、「カンナビノイド」と総称される炭素、水素、酸素からなる化合物が100種以上も含まれています。そのなかに、幻覚作用や抑制作用を持つものがあり、とりわけ「Δ9－テトラヒドロカンナビノール＝THC」（以下、THC）」が最も作用が強く、これが大麻の乱用に大きく関係しています。

少しだけ化学的な解説を加えると、「Δ（デルタ）」とは原子の二重結合「Double

bond」を意味しており、その頭文字の「D」を、化学や物理といった幅広い学問領域の国際共通記号として使われるギリシャ文字の「Δ」で表記したものです。

ＴＨＣの場合、炭素原子「Ｃ」が二重結合「Ｃ＝Ｃ」しており、「Δ９」はＴＨＣの構造式上の９番目の位置に二重結合があるということです。二重結合の位置番号はΔに上付き番号で表示されます。大麻草には作用が〝まろやか〟と言われる「Δ８－ＴＨＣ」も微量に含まれます。Δ９とΔ８は二重結合の位置が異なり、そうなると効果が僅かに違ってきます。このような物質のことを「異性体」と呼びます。

ＴＨＣは主として大麻草の花穂（※多数の花が密着して穂状に見える部分）や葉に含まれ、これが脳神経に作用して幻覚作用などを惹き起こします。大麻を使用することは、すなわちこの〝ＴＨＣを摂取する〟ことに他なりません。さて、前述した大麻取締法では「大麻草の成熟した茎及びその製品（中略）大麻草の種子及びその製品を（『大麻』から）除く」とされていました。なぜこんな面倒な言い回しをするのか分かりますか。そうです、「除く」とされた部分にはＴＨＣがほとんど含まれていないのです。

大麻とマリファナは同じ意味？

大麻は英語で「cannabis（カンナビス）」と表記されますが、そのうち吸煙して摂取する「marijuana（マリファナ）」と、ＴＨＣの含有量が少なく繊維などの採取に用いられる「hemp（ヘンプ）」とを区別しています。つまり、「嗜好目的の大麻＝マリファナ」になるわけです。さらに、マリファナは部位や成分の抽出方法の違いによっても呼び方が変わります。多くの場合、葉や花穂を乾燥させたものはそのまま「マリファナ」、大麻草の分泌する樹脂（ヤニ状の物質）を集めて成形したものは「ハシシ＝hashish」、このハシシから成分を抽出してオイル（液体）状にしたのが「ハシシオイル＝hashish oil」です。加えて、グラスやポット、ウィード、ハーブなど、マリファナを指すスラングは数多く存在します。日本特有の隠語としては、第1章で紹介したように、クサ（草）、ハッパ、88（ハッパの意味）、キャベツ、野菜などがあり、ネット上や若者の間では野菜が一般化しています。

それ以外にも、大麻は世界各地で様々な名称がつけられています。インドでは棒状にしたハシシを「チャラス＝charas」、ハシシと花穂部分を固めて平板状か円筒状にしたものを「ガンジャ＝ganja」と呼んでいます。モロッコをはじめとする北アフリカ諸国では、花穂や葉が混ざった樹脂を乾燥させ、粉砕したものを「キフ＝kif」、タイなどで作られる花穂部分を絹糸で巻き込んで棒状にしたものは「ブッダスティック＝Buddha stick」の名で知られています。これは、スティックの先端部分がブッダの顔に見えることに由来しています。さらに、ハシシはその見た目から「チョコ＝chocolate の choco」、THC成分を多く含む花穂部分は「バッズ＝buds（つぼみ、芽の意味）」とも呼ばれ、日本でもこれが一般化しています。これほど多くの呼称があることからも、大麻が世界中に広まっていることを理解して頂けると思います。

大麻のどこに危険性があるのか

この問いについては、より詳しく研究されている専門家の言葉を借りましょう。

薬物問題に詳しく、第６章で紹介した啓発用ＤＶＤ制作にも関わった金子周司教授（京都大学大学院薬学研究科生体機能解析学分野）は「最近よくマスコミや捜査当局から大麻について意見を求められますので、ここに1人の薬理学者としての見解を表明しておきます」とした上で、大麻の危険性について次のように述べています（京都大学大学院薬学研究科生体機能解析学分野のウェブページに掲載、概要を紹介する）。

〈医学的要因〉

1．精神依存性（耽溺性）があるため

（前略）大麻は強力な麻薬である覚醒剤やヘロインよりは弱いものの、明らかな精神依存性（あるいは耽溺性）を有しており、使用が容易に常習化して、薬物を手に入れるために金銭をつぎ込んだり犯罪に走るような深刻な事態を招きます。依存性薬物は、本来ならば努力を重ねて得る報酬の快感よりも強い快感（腹側被蓋野《ふくそくひがいや》・側坐核路のドパミン放出による）を使用者にもたらします。人間の記憶は報酬や快感で強化されると決して忘れることのない記憶として定着されますので、使用者はその快感を求めて再び大麻に手を出してしまいます。

2．幻覚作用を有するため

（前略）大麻にだけは幻覚剤を除いた他の依存性薬物にない「催幻覚」作用があります。幻覚というのは日常生活で実感することのない現象ですが、夢のように非現実空間の中に自分が置かれることであり、色彩や音への感覚から物体の大きさの認識まで様々な感覚の変調を来します。これが本人にとってはストレスからの解放や快感の一部になりますが、人とのコミュニケーションや車の運転などが必要な社会生活の中で、幻覚を起こした人物が他人にとって危険なことは明らかです。

3．常習的な使用によって脳の萎縮が起こり認知症リスクが高まるため

大麻の常習的あるいは長期使用による精神の変調に関する研究は多数ありますが（中略）脳の一部が萎縮することによって、無感動や認知症の原因となると考えられています。（中略）薬物摂取によるCB1受容体（著者注：脳の中枢神経に存在し、カンナビノイドと特異的に結合して作用を発現する受容体）の人工的かつ慢性的な刺激は、未知の事象も含めて多くの有害な変化を不可逆的な形で脳に来すことが想像されます。

4．受動喫煙による他人への健康被害が避けられないため

タバコ喫煙の場合と同様に、大麻の喫煙による使用は受動喫煙による周囲の人のTHC摂取を招きます。この危険性については（中略）明らかです。胎児脳の発達に対するTHCの悪影響も多数の動物実験で明らかになっており、妊婦の直接喫煙はもちろん、受動喫煙も危険であることに注意が必要です。

〈社会的要因〉

5．向精神作用に起因する犯罪が増加するため

大麻の作用は幻覚を除けばアルコールと良く似た中枢抑制作用です。しかし、幻覚作用は認知・判断能力を変調させる結果、違法あるいは反社会的な行動をとる危険性が増します。それが薬物による責任能力の喪失と判断されてしまうと、処罰することも難しくなります。（後略）

6．使用によって交通事故を起こすリスクが高まるため

大麻の摂取が自動車運転に与える影響については（中略）多数の研究から危険性が実証されています。その危険性はアルコール（酒酔い運転）の場合とよく似ていますが、アルコールと異なり運転者の大麻使用は見かけ上、他人から気づかれづらく、科学的に立証することも次の項で述べる理由から極めて困難です。そのため多くの交通事故被害者が泣き寝入りを余儀なくされる事態が想定されます。

7．関与が疑われる事故や犯罪において、鑑定が難しいため

（前略）体内からのＴＨＣの検出は困難を伴います。血液の高感度分析が事故や犯罪への関与を推定する最も有効な手段ですが、欧米とは異なり日本では、事故の原因解明に容疑者から血液採取を行うためには裁判所の令状が必要となるため、早急に血液を採取して立証に持ち込めないと1日以内には体内から消失してしまいます。こうして大麻使用の影響下にある事故や犯罪は簡単に物証をつかめず、ほとんど見逃されてしまうことでしょう。

8．より強力な依存性薬物へのゲートウェイ（入口）となるため

大麻は（中略）大量に栽培できるので安価に流通しており、使用も喫煙という（覚醒剤の注射やあぶりに比べて）心理的にハードルが低い形態をとるため、低年齢層に対して最初のエントリードラッグとして悪用されます。いったん大麻を覚えてしまうと、大麻を手放せなくなることはもちろん、より強い快感や陶酔感を求めて使用者は覚醒剤などの悲惨な結果をもたらす高価な依存性薬物に手を出してしまいます。（後略）

9．大麻の売買による資金が武器や兵器に流れるため

人類の長い歴史を俯瞰してみると、麻薬の裏には必ず戦争や争いがあるという表裏一体の関係性が見えてきます。麻薬の国際的な製造販売は大金を集められる手軽な商売ですので、麻薬で金を得た者は必ず利権争いを起こしますし、それが国や反社会勢力であれば戦争やテロに直接的に繋がります。（後略）

いかがでしょうか。大麻は海外での「合法化」に関するニュースが取り沙汰される一方、具体的な危険性についての言及は限られます。そのため、覚醒剤やコカインなどの麻薬と違って安全で、合法化されていない日本は海外から後れを取っていると考える若者も少なくありません。しかし、合法化に賛成であれ反対であれ、大麻に厳然たるデメリットが存在することはきちんと踏まえておく必要があります。

金子教授は、さきほどのウェブページ上でこうも述べています。

〈大麻に含まれるΔ9－テトラヒドロカンナビノールは脳内のカンナビノイドCB1受容体を刺激することで、快楽、幻覚、鎮静、抗不安、鎮痛などの薬理作用を発揮しますが、次に掲げる10（引用では9）の理由で医薬品としても嗜好品としても不適切かつ不要な依存性薬物（麻薬）であり、我が国では大麻が医療用あるいは嗜好品として容認される必要も必然もまったくないと考えます〉

それ以外にも、大麻に関しては以下のような研究結果があるので簡単に紹介しておきましょう。

〈身体依存性について〉

2016年のWHO薬物依存専門委員会会議では、大麻（THC）は精神依存に加えて〝身体依存〟を形成すると紹介されています。身体依存とは、第5章で説明した通り薬物の効果が切れると震えや痛みといった様々な症状（離脱症状）に襲われる状態を指します。この苦痛から逃れるため、さらに薬物を渇望し、使用し続けてしまう。実は、大麻も強くはないものの、それを有しているのです。

〈大脳皮質の神経回路への影響〉

大阪大学大学院医学系研究科の研究グループは2016年、大麻の有効成分であるTHCによって、大脳皮質の神経回路が破綻をきたす事実を発見しました。大麻の摂取が脳に悪影響を与えることについて、世界で初めて科学的根拠を明らかにしたのです。研究者は次のようにコメントしています。「カンナビノイドは気軽に気分が高揚し、無害だと考えられて、気軽に手を出す人が後を絶ちませんが、実は間違った配線を削っていきながら、正しい神経回路を作るのに非常に重要であり、摂取することによって、本来の正しい配線までも削られていきますので、大変危険です。特に、若い世代に影響が大きいと考えられますから、絶対に手を出すのはやめましょう」。

大阪大学の研究専用ポータルサイトで研究のリリース概要を閲覧できますので、是非参考にしてください。

〈攻撃性の誘発〉

ＴＨＣを摂取すると、怒りや攻撃性が生じる場合がある。このような話は何度か聞いたことがあります。２０２０年発行の『大麻問題の現状（厚生労働行政推進調査補助金「危険ドラッグ等の濫用防止のより効果的な普及啓発に関する研究」研究班企画・編集）』には、「ＴＨＣ／大麻による攻撃性」との小見出しで、次のような内容が収められています。

「集団飼育されているラットにＴＨＣ６㎎／kgを腹腔内投与すると、軽度の鎮静（中略）様行動を発現する。さらに17日間の慢性投与を行うと、ラット間の闘争行動や差し出された棒に対する激しい咬みつき行動、外からの刺激に対する激しい反応（被刺激性増大）、また、マウスを咬み殺す（中略）などの特異な攻撃行動が誘発される。（後略）」

これはラットによる基礎研究です。しかし、ＴＨＣが攻撃性を誘発することは容易に理解できると思います。先述したイスラム戦士のことを思い浮かべると、彼らはハシシで攻撃性を高めて暗殺に向かっていたのかも知れません。

薬物	中枢作用	多幸感	催幻覚	耽溺 精神依存	禁断症状 身体依存	増量 耐性	作用点	法規制分類
覚醒剤（メタンフェタミン）	興奮	+++	−	+++	+	+	DAT, VMAT	覚醒剤
コカイン	興奮	+++	−	+++	+	−	Nav, DAT	麻薬
あへん類（ヘロイン）	抑制	+++	−	+++	+++	+++	μOp	あへん麻薬
大麻（マリファナ）	抑制	++	+	++	+	+	CB_1	大麻
睡眠薬（バルビツレート）	抑制	++	−	++	++	++	$GABA_A$	向精神薬
幻覚薬（LSD、ケタミン）	幻覚	++	+++	+	+／−	+	$5\text{-}HT_2$ NMDAR	麻薬

依存性薬物の危険性を再評価した論文 Nutt et al., Lancet 369:1047 (2007)を参考に作成

大麻は依存性が弱い？

たしかに、大麻は覚醒剤やヘロインなどと比べると依存性が弱いとされます。

上の表（※依存性薬物の危険性を再評価した論文「Nutt et al.,Lancet 369:1047（2007）」を参考に前記金子教授が作成したもの）をご覧ください。精神依存の度合いを3段階（最高が3）に分類したところ、覚醒剤、ヘロイン、コカインが「3」なのに対し、大麻（マリファナ）は「2」と示されています。

重要なのは大麻にも間違いなく精神依存性があるということ。それに加え、身体依存性まで有している点です。

私はこれまで数多くの薬物使用者と接してきました。その経験から、率直に言わせてもらうならば、大麻常習者は、覚醒剤常習者のように〝ほしい、ほしい！〟

とあからさまな渇望は示しません。むしろ、脱力感や不安感、抑うつ感を訴えるに留まります。しかし、これが大麻独特の〝依存〟なのです。19年11月、著名な女優が麻薬MDMAを所持した容疑で逮捕されました。彼女は大麻にコカイン、LSD、MDMAと多剤の使用経験があると供述しています。まさに、近年の薬物事件（多剤乱用）を象徴するかのような事件でした。20年1月に東京地裁で開かれた初公判で、彼女は次のように証言しています。

「保釈されてから医師の指導の下、薬物が身体に与える影響や依存症について学んでいます。大麻については、自分でコントロールできると思っていたので、軽度ですが精神的な依存があったのはショックでした」

つまり、彼女は大麻の依存症に陥っていたわけです。「自分でコントロールできると思っていた」と述べていますが、完全に自制することはできなかったのでしょう。大麻を吸えばリラックスし、不快感が治まる。結局、継続して使用してしまうわけです。また、大麻を長期間使用すると、無動機症候群の症状を呈する場合があります。無動機症候群とは、物事に対する興味や関心が薄れ、思考力、集中力が低下し無気力などのうつ状態に陥ることですが、私が現場でよく見たのはこういった状態に陥った若者の姿です。

中枢神経に作用する薬物は非常に複雑であり、依存性の強弱という一面だけ捉えてその危険性を語るのは極めて乱暴だということ。これを理解してもらいたいと思います。

お酒やタバコも「依存性薬物」ですか？

まさにその通りで、お酒もタバコも依存性薬物に他なりません。お酒に含まれるアルコールや、タバコのニコチンは依存性を有しています。アルコールは抑制系で、タバコ（ニコチン）は興奮系の薬物です。ご存じのとおり、お酒もタバコも嗜好品ですから、生活に支障がでない範囲で摂取することに問題はありません。しかし、心身に障害が生じるほどの頻度や量を使用するのは危険です。２０１８年のＷＨＯの報告によると、アルコールの過剰摂取が原因で死亡する人は毎年３００万人以上に上り、その7割が男性とのこと。また、世界で2億８０００万人がアルコール依存症に代表される、アルコール由来の病気に苦しんでいます。

第３章で紹介した「EVERCLEAR（エバクリアー）」というウォッカは、アルコール度数がなんと95度という代物です。ビールがおよそ5％、ワインでも10〜15％ということを考えればケタ違いの度数と言えます。普段から酒を嗜《たしな》む男性であっても、コップ1杯を飲み干す前に意識が混濁して倒れるでしょう。お酒というより危険ドラッグです。こうしたお酒を悪用し、女性を泥酔させてレイプするという卑劣な犯罪が発生していることを、特に若い人には十分に認識してほしいですね。

さらに、アルコール依存症は、覚醒剤などの依存症と同じく医療機関や回復支援機関の力を借りなければ治癒が望めない病気です。アルコールへの依存も、絶対に軽視できないということを大学生や高校生に改めて伝えていく必要があります。

その意味ではタバコも同じです。〝万病の元〟と言われていることは誰もがご存知の通りで、長期間の喫煙習慣は間違いなく心血管疾患、肺癌をはじめとする悪性腫瘍、および肺気腫などの呼吸器疾患を招きます。副流煙が他人の健康に影響を与えることも周知の事実です。さらに、建物火災の出火原因はタバコの火が1割を占めていると言われます。タバコは百害あって一利なし、と言えるのです。

大麻はアルコールやタバコよりも健康被害が少ない？

大麻の有害性と、アルコール・タバコの有害性を比較して、両者に優劣をつけることには意味がありません。ただ、その上で、あえて違いを指摘するなら、大麻の成分の有する幻覚性がアルコールやタバコと大きく異なる点でしょう。タバコを一服しても幻覚を見ることはありません。少量のアルコールを飲んだところで、慢性中毒に陥っていないかぎり幻覚は見ないでしょう。大麻（ＴＨＣ）は脳の神経回路に破綻をきたすとの研究結果もあり、この点もタバコやアルコールとは異なります。とはいえ、長期使用による弊害はいずれも健康を害するという意味では同じです。

互いに様々な医学的有害性や社会的有害性があり、依存性も備わっている以上、〈お酒やタバコが合法なのだから大麻も合法とすべき〉というのはかなり乱暴な考え方と言わざるを得ません。〈大麻が違法なのだから、お酒やタバコも違法とすべき〉であれば理解できますが、なぜかそうした見解は耳にしません。純粋に有害性だけを論じるのであれば、どれにも手を出すべきではないと思います。

大麻使用者が犯罪を起こすことは？

記憶に新しいところでは、２０２１年6月、福岡市の市営団地で20歳の男が母親を含む親族４人を切りつけ、殺人未遂と傷害容疑で逮捕される事件が発生しました。

福岡地検は「男は大麻を使用したことによる心神喪失状態で、両容疑について刑事責任能力は認められない」と不起訴処分が相当とし、被告が自宅に保管していた大麻2・8グラムの所持容疑のみで起訴。福岡地裁は同年11月、「被告は大麻を常習しており悪質。他害行為にも及んだ」として懲役1年、保護観察付き執行猶予5年を言い渡しています。男は逮捕後、一貫して切りつけ行為を「覚えていない」と繰り返す一方、過去には薬物の影響でビルの屋上に立ったり、隣のビルの階段へと跳び移ったりしたこともあると語り、「インターネットを見て、大麻は体に悪くないと考えていた。毎日使っていました」と述べています。まさに大麻の影響下における傷害事件です。

また、第2章でも少しお話ししましたが、2019年3月には京都市内の中学3年生の女子生徒（15歳）が自室のベッドに横になった状態で突然白目を剝いて暴れ出し、救急搬送される事件がありました。女子生徒は大麻を吸っており、使用の動機を「悩みで死にたくなって、眠れなかった」と、また、大麻の入手先については「ツイッターの密売人」と供述しています。彼女の症状は明らかに大麻の急性中毒です。一歩間違えば錯乱したまま自傷・他害に及んでいた可能性があります。

これらの事件以外にも大麻が原因となる事件は発生しています。18年には、大阪府門真市の住宅で、男が訪問看護に訪れた女性に性的暴行を加えようとして怪我を負わせ、強制性交等致傷罪に問われた事件があります。大阪地裁は20年2月、被告は過去に大麻を使用しており、大麻精神病の影響で「やれ、やれ、という幻聴が聞こえ心身耗弱状態だった」と判断。懲役3年・執行猶予5年の判決を言い渡しました。これに対し弁護側は心神喪失による無罪を主張して控訴しましたが、同年9月の控訴審判決で大阪高裁は「幻覚などに完全に支配された状態とは言えないが、行動を制御したりするなどの能力が著しく低下していた」として再び心身耗弱状態を認め、控訴を棄却しています。つまり、大麻精神病の事件への影響を認めたわけです。この件で取材を受けた専門医は、「大麻精神病とは幻覚や妄想、現実的にありえないことを本人が思い込んだりする、大麻の乱用によって惹き起こされる精神病の状態」と説明していました。大麻使用の長期化は〝大麻精神病〟を招くおそれがあることも忘れないでほしいと思います。金子教授が「薬物による責任能力の喪失と判断されてしまうと、処罰することも難しくなる」と言っていましたよね。この事件にしても、福岡の切りつけ事件にしても、被害者は泣き寝入りするしかありません。誠に理不尽な話です。

日本ではいつ頃から大麻が使われるようになった？

そもそも、日本には大麻を吸煙する習慣はなく、終戦後、駐留する米軍関係者や、そこに接する日本人による大麻事犯がわずかに起きる程度でした。一方、アメリカでは1960年代から若者を中心にベトナム戦争への反対運動が湧き起こりました。これが黒人たちによる公民権運動と合流しながら「カウンターカルチャー」として広がりを見せます。これを盛り上げたのが、既成社会の伝統や制度の価値観を否定する「ヒッピー」と呼ばれる若者たちです。彼らは愛・自由・セックス・平和・音楽を旗印に、反戦運動だけに留まらず、大麻やLSDなど薬物の使用を推奨しました。長髪にジーンズ、衣服にビーズをあしらう彼らのファッションは、薬物使用を伴って、ミュージシャンや若者たちに多大な影響を与えました。

野外ロックコンサートはヒッピーファッションの若者たちで溢れ、大麻を吸って大音量に酔い痴《し》れる。そして、ロックミュージック・ヒッピーファッション・大麻の吸煙がひとつのパッケージとなって海外に伝播していきます。団塊世代の方ならご存じだと思いますが、60年代後半になると、新宿駅東口周辺に「フーテン族」と呼ばれる若者が現れました。彼らは表向きヒッピー文化の影響を受けていましたが、カウンターカルチャー的な動きに加担するわけでもなく、駅前の芝生や喫茶店に屯して、日がな一日ブラブするのみ。そのうち、本場アメリカのヒッピーを真似て大麻の吸煙を始めました。しかし、そう簡単には大麻は手に入らない。そこで彼らの一部は、ビニール袋にシンナーを入れてスースー吸い込む〝シンナー遊び〟を始めます。フーテン族自体はまもなく姿を消しますが、大麻吸煙とシンナー遊びという行為だけが残り、全国の若者たちの間に広がって行ったのです。

厚生労働省の統計によれば、1961年の大麻事犯の検挙者は24人。これが次第に増加し、64年に海外渡航が自由化されたこともあり、68年には410人にまで膨れ上がります。大麻を摂取すると聴覚に変容が起こるため、外国のミュージシャンを真似る音楽関係者にも波及して行きました。まさに、この時期（60年代後半）が〝日本の大麻乱用の夜明け〟と呼べると思います。そして、77年には検挙者が1000人を超え、93年には、2000人に到達しました。これは大都市圏に疾風の如く現れたイラン人密売グループによる無差別薬物密売の影響です。彼らは大麻、覚醒剤などの薬物を安価で販売していたため、一気に大麻が蔓延した経緯があります。2009年にはインターネット密売の拡大もあり、検挙者は3000名と過去最多を記録。その後、危険ドラッグの急速な蔓延（危険ドラッグへの移行）が影響して減少したものの、15年から急増に転じ、検挙者数も18年に3762人、19年は4570人、そして、「はじめに」で触れたように、20年には5260人を数えるまでになりました。そのうち30歳未満が3511人と、驚くべき状況です。

最近になって大麻が急に蔓延するようになった原因は？

要因のひとつは「大麻入手の機会が増えている」ことです。つまり、日本国内でも、室内での大麻栽培事犯が爆発的に増加し、そこで栽培された大麻がSNSを通じて公然と販売され、スマホの普及も相まって誰もが大麻を購入できる環境が生まれたわけです。15年には危険ドラッグの販売店が取り締まりの強化によって全滅し、危険ドラッグを使用していた人たちが大麻に移行、または戻ってきたこともありますが、最大の理由は海外での大麻合法化の影響だと感じています。

たとえば、覚醒剤事犯の検挙者数は年々減少傾向にあり、19年には44年ぶりに1万人を割り込みました。その一方で、大麻事犯の検挙者数は伸び続けています。日本人は元来、規範意識が高く、諸外国と比べても違法薬物に対する忌避感が強いと思います。そのため、ネット密売の横行で入手が容易になっても覚醒剤に手を出す人は少ない。ただし、大麻に関しては海外での合法化の波に押され、使用を推奨するような情報がネット上に氾濫。危機意識が薄れたことで、使用へのハードルが下がってしまったように感じています。

海外での合法化の流れはどう理解すればいい？

薬物関連諸条約の加盟国はいずれも大麻を規制しているものの、処罰の詳細については各国の事情に委ねられているのが現状です。ここからは、あくまでも私見になりますが、これらの国や州は〈合法化せざるを得ない〉状況にあった（ある）のだと考えるべきでしょう。「合法化」と聞くと、あたかも大麻を自由に使用できるという印象を抱きがちです。しかし、実際のところ、合法化された国々でも多くの場合、大麻の所持や使用については国の管理下で規制がかけられ、未成年者の使用は厳禁。子どもたちへの浸透を予防した措置を採っています。

２０１８年10月、カナダは嗜好用大麻の合法化に踏み切りました。これはウルグアイに次いで世界で2番目の措置であり、先進国7か国では初の事例です。大麻政策の一大転換点と言えるできごとでした。実は、ニュージーランドでも20年10月に大麻合法化を巡って国民投票が実施されましたが、賛否が拮抗したものの否決されています。

他方、アメリカの連邦法は大麻を規制していますが、州単位では嗜好目的や医療用目的での大麻使用を認めています。20年11月の大統領選と同時にアリゾナ、ニュージャージー、サウスダコタ、モンタナの４州で嗜好用大麻合法化の是非を問う住民投票が行われ、この４州では合法化が可決されました。後にニューヨーク州なども合法化され、全米50州のうち18州と、ワシントンＤＣで解禁されています（22年5月現在）。

それでは、どうして大麻を合法化するのか、カナダが合法化に至った経緯は次のようになります。

カナダのトルドー首相は、「大麻の不正取引で、犯罪組織が年60億カナダドル（約5000億円）もの利益を得ているという推計もある。現行法は子どもたちを守るために機能していない」と、嗜好用大麻解禁の正当性を主張し、大麻の合法化に踏み切りました。少々分かりづらいので、経緯について私なりの解説を加えてみます。

- **大麻乱用が爆発的に広がり、取り締まりが限界に達している。**
- **しかも、約60億カナダドルと試算される大麻の密売収益の多くは犯罪組織に流れてい**

る。
・大麻はヘロイン、コカイン、覚醒剤等のハードドラッグと比較して有害性が少ない。
・それならば、アルコールやタバコと同じ位置づけで国の管理下に置き、犯罪組織に膨大な資金が流れるのを阻止すべきではないか。
・国が生産と流通を管理することで若者の大麻使用も抑制できる。
・新たな大麻ビジネスを容認する代わりに課税すれば、税収増にも繋がる。

端的に言えば、カナダにとっての大麻合法化は「苦肉の策」なのです。決して、〈大麻は健康被害のない薬物〉と国が認めた上で、合法化されたわけではありません。「もう蔓延を喰い止める手段が見当たらない。それならば、禁止するのではなく、新たな制度を設けて管理しよう」となったわけです。実際、合法化を認めた法律にはこう記されています。

〈18歳以上には最大30グラムの乾燥大麻の所持を許可する。個人使用目的での栽培も認める。ただし18歳未満の未成年者への販売・譲渡には最大で14年の禁固を科す〉

合法化とはいえ、そこには厳しい条件が付されています。合法化ではあっても〝自由化〟ではないのです。この法律に違反すれば、言うまでもなく処罰の対象になります。

日本の大麻取締法では営利（商売）目的で大麻を譲り渡した場合、最高でも懲役7年です。そう考えると、カナダの法定刑がいかに重いか理解してもらえると思います。

同じように、アメリカ・コロラド州が大麻合法化に至った際には、こんな経緯を辿っており、カナダとかなり似通っているのが分かります。

・**刑務所が過剰収容で限界に達した。**
・**取り締まり機関を効率的に運用して、重大犯罪への対応に人員を向けるべきだ。**
・**大麻ビジネスについては容認する代わりに課税する。**
・**犯罪組織の大麻密売収益を剝奪する。**

さらに、ニューヨーク州は21年3月末、〈新型コロナウイルスの感染拡大の影響で、財政赤字に転落した州の景気対策のひとつとして〉大麻合法化に踏み切ったと公表しました。ストレートに〝大麻で税収を増やそう〟というわけです。税収増を大麻に頼るという発想……、これには少々驚かされました。〝財源に組み込まれるともう後戻りできない〟と懸念が募ります。

そして、ニューヨークの場合、大麻合法化の背景には別の事情もあります。

それはアメリカ社会に根深く残る人種問題です。アメリカの人権団体の調査によれば大麻を使用している白人と黒人はほぼ同じ割合。ところが、大麻の所持や使用容疑で逮捕された黒人の数は、白人の3倍に上っている。つまりは、大麻を合法化することで黒人の逮捕者が減少し、差別解消に繋がる、と。日本とは犯罪や薬物の情勢、社会背景が全く異なるとはいえ、人種問題が合法化を左右する要因になっていることには複雑な感情を覚えます。

大麻は世界で最も乱用されている薬物で、その使用者数は推定1億9200万人とされています（「国連ワールドドラッグレポート」20年）。そして、世界の大麻押収量の4分の1を北米が占めます。アメリカとカナダの使用者数を合わせると、日本の人口の半分近くに及ぶと推計できます。加えて、アメリカではコカイン、ヘロインといったハードドラッグやオピオイドの問題もあります。取り締まり機関という限られた社会資源で、より重大な課題に対応するためには、大麻を容認せざるを得ない。その上で、容認するならば税収を確保して市民感情を和らげようということです。どの国も、決して〈大麻の安全性が確認された〉から合法化に踏み切ったわけではないのです。

他方、犯罪組織が生産・密輸・密売に関与している場合は全く対応が異なります。米麻薬取締局（DEA）が、アメリカ国内で押収した不正流通する大麻の重量は、18年に約441トンで、19年は309トン（同年の日本国内での乾燥大麻押収量は430・1キロ）となっています。合法化された州であっても、現実には許可を得て栽培された正規の大麻以外に、違法栽培されたり、密輸された大麻が安価で出回っているのです。

とはいえ、合法化された以上、国も大麻を推奨しているのでは？

欧米では、代替治療薬の存在しない致死的な疾患の治療のために、人道的見地から未承認薬の提供を行う制度があります。これを「compassionate use（コンパッショネートユース）」と呼びます。こうした考え方から、大麻の医療用目的使用が論じられ、それが嗜好用大麻合法化の議論や住民投票にまで発展したと考えられます。

私個人としては、国や州が住民の健康問題にかかわることを住民投票に委ねるというのは、責任を住民に転嫁しているようで大きな違和感を覚えます。意識調査ならまだしも、住民投票で法律を制定するのは少々危険ではないでしょうか。

私たちが海外の取り締まり機関やメディアの情報をもとに調査したところ、合法化された地域であっても、住民の大多数が大麻を使用している、または、使用を推奨しているわけではありません。むしろ、住民たちは「使用者が膨大過ぎて、もはや行政による取り締まりは限界」というカナダ政府と同じような〝諦念〟を抱いていることが分かりました。大麻合法化について積極的に賛成していない人も数多くおり、猛反対している人も少なくありませんでした。いずれにせよ、海外の薬物事情は歴史的にも社会的にも、日本とは背景が大きく違っています。

厚生労働省の研究班などの調査結果によれば、日本の大麻生涯経験率（対象年齢15～64歳、19年）は1・8％です。対するアメリカ（対象年齢12歳以上、18年）は45・3％、カナダ（対象年齢15歳以上、17年）は46・6％。その他の先進各国でも20～40％台にのぼります。大麻以外の薬物、たとえばコカインと覚醒剤については、日本が0・3％と0・4％に留まるのに対し、アメリカは14・7％と5・4％、カナダは10・4％と3・7％。他の欧米各国も、日本の5～20倍になっています。海外を見渡した時、薬物汚染という面で、日本が極めて清浄な国であることを理解してもらえるのではないでしょうか。そんな日本で、なぜ、あえて大麻を合法化すべきなのか。その点については議論が必要だと考えます。

「医療用大麻」や「大麻由来の医薬品」にも問題がある？

アメリカの37州、カナダ及びイギリスなどでは、一定の条件の下（医師の介入等）、医療用目的での大麻使用を認めています。これは大麻を「医薬品」として承認したわけではないものの、各種疾患の症状改善のために大麻を使用してもいいということです。漢方薬のような〝生薬〟的な使い方と理解してもらえば良いと思います。無論、どのような大麻でも使用可能なわけではなく、州などの自治体が認定した大麻販売店で扱われている大麻のみ使用が許されます。このような大麻のことを〝医療用（目的）大麻〟と呼びます（詳細は後述）。

ただし、日本を含む世界の大半の国々では医療用大麻を認めていません。医療用大麻の使用は、あくまでも痛み止めなどの対症療法で、病気の根本的な治療には繋がらない。こうした対症療法薬には大麻以外にも優れた新薬が存在しており、少なくとも日本ではいずれも入手可能です。あえて医療用として大麻を使うことは、いたずらに大麻の蔓延を招くので、日本で認められることはまずあり得ないでしょう。

一方、〝大麻由来の医薬品〟とは大麻の成分から製造した医薬品（大麻医薬品）のことです。一部の国では正規の医薬品として医療現場で使われています。イギリスの製薬メーカー「GWファーマシューティカルズ（GW Pharmaceuticals）」が開発した「サティベックス（Sativex）」は口腔スプレー型製剤で、イギリスやドイツでも使われています。大麻から抽出したＴＨＣとＣＢＤ（カンナビジオール、後述）を含有しており、多発性硬化症に伴う神経因性疼痛などの症状緩和を目的に使用されます。同様に、同社が開発した「エピディオレックス（Epidiolex）」は服用型のＣＢＤ製剤で、適応症（薬剤による治療で効果が期待できる病気）としては、難治性てんかんやドラベ症候群が挙げられます。

日本の法律では大麻から製造された製品は原則輸入できず、また、大麻を医薬品として使うことができないため、エピディオレックスを医療に用いることができません。ただし、治験（※新薬開発の最終段階に行う臨床試験で、健康な人や患者の協力を得て新薬の人間に対する効果と安全性を調べる）としての使用は認められています。また、現在は大麻取締法の改正も検討されているので、近い将来、医療現場で使用可能となることは間違いないと思います。その他にも、アメリカの製薬会社が開発した合成ＴＨＣ（※化学合成されたＴＨＣは日本では麻薬）を成分とする「マリノール（Marinol）」（適応症には食欲不振や嘔吐など）や、ＴＨＣと作用が似通っているナビロン（※合成カンナビノイドの一種で、日本では麻薬に分類される）を主成分とした「セサメット（Cesamet）」（適応症には癌の化学療法に伴う吐き気）などがありますが、いずれも日本の医薬品医療機器等法では承認されていません。

「規制物質としての大麻」「医療用大麻」「嗜好品としての大麻」の違いとは？

アメリカを例にとると、大麻は連邦法の「規制物質法」で、ヘロインやMDMAと同じように「スケジュールI」に分類され、厳しく規制されています。また、医療用大麻を合法化した州では「医療用大麻法」が制定され、18歳以上を対象に使用や所持の手続きを定めています。

医療用目的で大麻を購入するためには、まず、州の定めた手続きに従って患者の認定登録を受けなければなりません（18歳未満には保護者の同意が必要）。申請には認定医の許諾が必要になります。申請を受けた担当局は申請者の患者登録の可否を決定し、申請者に通知します。患者登録が認められると、申請者は医療用大麻購入のライセンス（許可証）を入手することができ、州が認定した大麻販売店、通称「大麻薬局（ディスペンサリー）」において、合法的に医療用大麻の購入が可能となるわけです。

購入量は、州ごとに定められた所持量の範囲内に限られ、コロラド州の場合は「2オンス（約57グラム）、大麻草3本、未成熟株3株まで」。患者個人間の売買は禁止されています。適応症も州ごとに定められ、「癌、HIV、多発性硬化症、緑内障、吐き気、嘔吐、痛み」などが一般的ですが、癌の場合は抗癌剤の吐き気抑制目的で使用されることがほとんどです。

一方で、嗜好用大麻を合法化した州では「レクリエーション用大麻法」が制定されています。21歳以上なら大麻を購入可能ですが、販売店では身分証明書を提示して年齢チェックを受けることを義務付けています。大麻の販売は州が許可した販売店でのみ許され、客が購入できるのは州が定めた制限内の量に限られます。個人売買は全ての州で禁止です。コロラド州の場合、上限は1オンス（約28グラム）。医療用大麻と比べると嗜好用大麻の所持量は少量に制限されていますが、これは健康被害を考慮してのことだと思います。

医療用大麻も嗜好用大麻も購入の際には税金がかかります。これもコロラド州を例にとると医療用大麻の場合は、「マリファナ税2・9％・消費税は非課税」、嗜好用大麻では「マリファナ税2・9％・消費税15％」。嗜好用目的には消費税が課されていることが分かります。大麻の価格は質によって差がありますが、私が現地で調べたところ、概ね1オンス＝200～400ドルといったところでした。「Shake（シェイク）」と呼ばれる粉々になった大麻を集めたもの（残りもの）は、1オンス＝100ドル台でも販売されていました。

概要のみ説明しましたが、お分かり頂けたでしょうか。合法化したとはいえ、各国とも厳格なルールの下で医療用、嗜好用大麻の使用が許されているのです。これに違反した場合は当然、処罰を受けることになります。

「CBDオイル」は安全なの？

大麻草の成分には、前述したようにTHCを含むカンナビノイド類が100種以上存在し、そのひとつが、いま話題となっている「カンナビジオール（Cannabidiol）＝CBD」です。CBDはTHCと違って、幻覚性などの精神作用がなく、不安を取り除いたり、寝付きをよくしたりする効果があるとされます。さらに、子どものてんかん発作を抑え、抗炎症作用を有するとも。前述したように、アメリカでは18年に「エピディオレックス」というCBD製剤が承認され、すでにいくつかの国で使用されています。日本においても19年3月19日の国会（沖縄および北方問題に関する特別委員会）で、公明党の秋野公造参院議員が「エピディオレックスを医師が個人輸入して患者の治療に用いることができるか。医薬品としてダメならば治験として用いることはいかがか」と質問したのに対し、厚生労働省は、「厚生労働大臣の許可を受けて輸入したエピディオレックスを治験対象の薬物として国内の患者さんに用いることは可能」という画期的な見解を示しました。

この薬を待ち望んでいた患者さんや親御さんは大勢いたでしょう。とはいえ、日本の法律では、幻覚作用のないCBD製剤も大麻抽出物とされるため、現状では医薬品として認められません。医療現場で一般的に使えるようにするためには、いま検討されている法改正が必要になります。

CBDの話は少々難しいのですが、ネットでは「美容」効果を謳って海外産のCBDを含有するオイルなど（以下、CBD製品）が販売されています。飲用、滴下、塗布などの使用法があるようです。こうしたCBD製品を積極的に取り上げるインフルエンサーや女性誌も存在し、多くの女性が興味を抱いていると聞きます。最近ではCBDを含む電子タバコ（CBDリキッド）も販売されています。

ただ、皆さんに理解してもらいたいのは、現在販売されているCBD製品の有効性や安全性は、誰も保証してくれないということです。市販のCBD製品は医薬品でも医薬部外品（※人体に対する作用が緩和な製品で、医薬品医療機器等法で規定）でもありません。治療や予防効果を誇大広告している業者もいますが、医薬品でもないのに効果を謳った広告を出すことは、医薬品医療機器等法に抵触し「無承認無許可医薬品」販売等で処罰の対象になる場合があります。前述のエピディオレックスは大手製薬メーカーが時間と費用をかけて研究・開発した正規の医薬品です。ネット等で販売されているＣＢＤ製品と根本的に違います。

販売されているＣＢＤ製品は、いわゆる「健康食品」と捉えられているようですが、日本には健康食品に関する法律の定義はなく、健康の維持・増進に役立つことを謳って販売されている食品全般を指します。国の制度としては、国が定めた安全性や有効性に関する基準を満たした「保健機能食品制度」があります。「特定保健用食品（トクホ）」等がこれにあたります。現在、販売されているＣＢＤ製品は、これに該当しません。さらに海外から輸入できるのは「大麻草の成熟した茎又は種子から抽出されたもの」しか認められていません（※ＣＢＤ製品における、大麻の該当性の有無は麻薬取締部が書類審査を実施）。これ以外の部位（葉、花穂、根等）から抽出されたＣＢＤは日本の法律では「大麻」に該当し、規制の対象になるので注意が必要です。

さらに、ＣＢＤ製品のなかにＴＨＣが混入している場合もあります。私が現役時代に押収したり、買い取って検査したＣＢＤ製品のなかにも、ＴＨＣを含有しているものが少なからずありました。２０２０年に行われた厚生労働省によるＣＢＤ製品の買取り検査では、47品目中13品目からＴＨＣを検出し、15年頃から続いているＦＤＡ（米国食品医薬品局）の調査でも、濃度にバラツキはあるもののＴＨＣが検出されています。逆にＣＢＤが全く入っていない製品から、製品の成分表示の含有量を満たさない製品まで存在していました。大麻を全面的に禁止しているアメリカの州では、ＣＢＤ製品の販売は容認していませんし、嗜好用大麻を合法化したニューヨーク州でもＣＢＤが含まれる飲食物の販売を禁止しています。これは食品添加物としての安全性が確認されていないからです。

先日、吸煙用のＣＢＤリキッドを買ってみました。僅か１０００ミリグラム（ＣＢＤ１００ミリグラム含有と記載）の量でなんと６０００円、こんなに高いのかと驚きました。〝使用上の注意〟も添付されており「20歳未満の方、妊娠中や授乳中のご使用をお控えください」「吸引した後は強い眠気や倦怠感が表れる場合があります。摂取後の車の運転などは控えてください」「処方された薬と併用される場合は、必ず医師あるいは薬剤師にご相談の上、ご使用ください」と書いてあります。これはもはや医薬品の注意書きですが、副作用について注意喚起しているわけではありません。健康被害が生じた場合、販売業者は「添付文書に注意書きをしているので、私たちには責任はない」と言うでしょう。実に危険な話です。

ＣＢＤ製品に興味があるとしても、日本国内で安全性がきちんと検証されるまでは静観すべきではないでしょうか。安直な考えでＣＢＤ製品を摂取すると、何かあったときには「自己責任」になることを忘れないでください。

大麻が「最も危険な薬物」から外れたという記事を読んだけど？

２０２０年12月２日、国連麻薬委員会で〈大麻を〝最も危険な薬物〟の分類から削除する〉ことが決まりました。これはどういうことかというと、国連の麻薬に関する単一条約で、大麻はヘロインなどとともに〈乱用のおそれがあり、悪影響を及ぼす薬物〉という最も厳しい規制区分の「スケジュールⅠ」に分類されていたのです。スケジュールの強度はⅠ、Ⅱ、Ⅲの順となっており、さらにスケジュールⅠのなかで〈特に危険で医療用途がない薬物〉を「スケジュールⅣ」に分類しています。いわば、「スケジュール

Ⅳ」は医療用途のない最も危険な薬物ということになります。大麻は、ヘロインとともにスケジュールⅠとⅣのふたつに分類されていましたが、一部の国で大麻から製造された医薬品に医療上の有用性があると認められたため、Ⅳのカテゴリーから外すことがWHOから勧告されたわけです。これを受けて国連麻薬委員会の会合で投票が行われ、僅差ながらⅣから外すことが決定しました。

しかし、引き続き「Ⅰ」のカテゴリーでコカイン、あへん、モルヒネ等とともに規制されることは変わりありません。端的に言えば「引き続き厳しく規制するが、コカインやあへん等の物質と同様、医療用途は認める」ということです。決して、大麻が安全だと判断して規制を緩めたわけではありません。その点を誤解しないようにしてください。

日本で「嗜好用大麻」が合法化される可能性はある？

日本で嗜好用大麻が合法化されることはないでしょう。先述したとおり、世界とは薬物事情が全く違うので考えられない話です。一方、大麻医薬品の誕生は十分に考えられます。とりわけCBD製剤は、先に挙げたエピディオレックスが先進各国で有効活用されていますし、国連も大麻の医療用途を認めましたので、日本において大麻取締法が改正され、医療現場で使われる日が来ることはまず間違いないでしょう。ＴＨＣを含有する医薬品については、効果・効能が認められれば必要に応じて、ということになると思います。ただし、モルヒネ製剤など医療用麻薬と同じように、医師の免許制度などの厳しい流通管理の仕組みが導入されることは必須だと思います。

今後、大麻が医薬品になってもならなくても、重要なことは「乱用しない、乱用させない」ということです。

ネット上に氾濫する大麻情報は正しくない？

ネットで大麻と検索すると、ありとあらゆる情報が出てきます。第2章に登場した亜紀さんも、ネットで多くの大麻情報を収集していました。「アルコールやタバコの方が有害だ」「大麻は依存性がない」など根拠不明の投稿もあれば、以下のような言説も目につきます。

・合法化に踏み切ったカナダでは経済効果が生まれている。

・大麻は医療にも有効だ。アメリカ等では癌の痛み止めに使われている。緑内障にも効果があるのに、それを使わせないとは人間の尊厳を踏みにじっている。

・産業用大麻（※ヘンプ、ＴＨＣ成分の低い品種を原料として、繊維、建材、食品、燃料等に活用される）もあり、大麻は有効価値の高いものだ。

・日本の大麻取締法はＧＨＱに押しつけられた法律で科学的根拠がない。

・大麻から採取した麻縄は神社のしめ縄や、大相撲の横綱が腰に締める綱にも伝統的に使われてきた。神事や祭事になくてはならないものだ。

・大麻のみならず、コカインなどの所持・使用を非犯罪化（※違法ではあるが逮捕・起訴などの対象にはならない軽犯罪として扱うということ）している国や州がある。そもそも薬物を使うことは個人の自由だ。

・大麻合法化は世界の潮流となっている。

いずれも言いたいことはよく分かります。確かに大麻自体は何も悪くありません。現在でも知事免許の交付を受けて正式に栽培することができますし、大麻繊維がしめ縄等の材料になることも事実です。種子は食用として膨大な量が輸入され、一部の国では医療用目的で使われています。あくまでも問題なのは、大麻の持つ幻覚成分「ＴＨＣ」です。大麻を乱用することは、すなわちＴＨＣを摂取すること。ＴＨＣによる幻覚に耽溺し、常用すれば依存に陥ってしまう。そのことに焦点を当てなければなりません。私に言わせれば「大麻問題」というよりも「**THC乱用問題**」なのです。そして、THCの乱用と、大麻の医療・産業目的利用は全く別の話ということです。

そもそも、大麻にはファッショナブルで、アーティスティックなイメージがあります。それに先ほど列記したような情報が加わり、「大麻は悪くない。むしろ有効性が高い」との意識が生まれています。オンライン記事でも大麻を取り上げたものは少なくありません。その多くは海外での合法化を肯定も否定もしていないのですが、「○○州で大麻合法化」といったタイトルだけを見ると、合法化に賛成しているような印象を受けます。若者たちはこの〝合法化〟という響きに反応し、日本の大麻取締法を批判する声にも流されます。権力の監視や制度の批判等はマスコミの責務ですから、私は大いにけっこうだと思っています。ところが、若者たちはそもそもの制度を正しく理解しないまま、多くはネット記事だけを鵜呑みにして、大麻は安全で健康にも有益だと思い込んでしまうのです。

日本ではどれくらいの人が大麻を使用している？

19年に国立精神・神経医療研究センターが実施した「薬物使用に関する全国住民調査

2019年（隔年で実施）」で興味深い結果が示されました。この調査は15歳から64歳の一般住民7000人を対象としたもので、3945人から有効回答を得ています。そして、同センターでは集まった回答から、日本における大麻使用者数の推計値を発表しました。以下、要約します。〈大麻使用者が引き続き増加していることが明らかとなった。現在一般市民の間で最も使われているのは大麻であり、過去1年間の経験者数は約9万人。生涯経験者は約161万人と推計された〉

過去の生涯経験者数を見ると、15年の約95万人が17年の約133万人へと「急増」していました。そこに19年の約161万人という数字が加わったことになります。およそ4年間で約66万人も増えるとは驚異的な伸び率と呼ぶべきでしょう。薬物事犯の検挙者数はいまだ「覚醒剤」がトップですが、このまま行けば「大麻」が覚醒剤を超える日も遠くないと思われます。

「ゲートウェイドラッグ」とはどんな意味？

大麻に関する説明に登場する「ゲートウェイドラッグ」という言葉は、その薬物を使用することが覚醒剤、コカイン、ヘロインといった、より強い副作用や依存性を有する薬物の「入り口（ゲートウェイ）」となるという意味です。先述のとおりアメリカでは、「大麻使用者の26％が他の違法薬物を使い始めた」との研究結果もあるほどです。

私の現役時代の感覚からしても、この数字は的を射ているように感じます。現役時代に検挙した大麻事件では、約30％が他の薬物を所持したり、実際に併用したりしていました。大麻使用者が同時に所持していた薬物は覚醒剤が半数を占め、次いでコカイン、ＭＤＭＡ、ＬＳＤが挙げられます。また、大麻事犯の検挙者は、覚醒剤事犯の検挙者と比較して初犯者が多く、暴力団員が少ないのが特徴です。年齢層は30歳未満が半数以上を占めています。こうした事情を踏まえても大麻は若者が手を出しやすい「gateway drug（門戸開放薬）」と言えるでしょう。

ネット上の薬物販売広告をご覧頂けば、大麻以外に覚醒剤、コカイン、ＭＤＭＡが平然と販売されていることが分かります。大麻に手を出した若者たちは、まるでレストランでメニューを品定めするかのように、（しかも、多くの場合、より強い刺激を求めて）他の薬物を注文するようになるケースが珍しくありません。「大麻くらいならいいだろう」と考え、ひとたび規制薬物へのハードルを乗り越えることの意味は、思いのほか大きいのです。そこからハードな薬物に対する心理的なハードルは低下し、新しい薬物への興味が芽生えていきます。

「いやいや、私に限ってそんなことはない。大麻は嗜んでも、覚醒剤なんかには一生、手を出しませんよ」。大麻事犯の逮捕者はそんな言葉を口にします。では、「お酒」を思い浮かべてください。ビールで飲酒の楽しみを知った人のうち、一体、何人が一生涯ビール以外のお酒を飲まないでしょうか。焼酎に日本酒、ワイン、ウイスキー、ウォッカなど、ビールよりも度数が強く、味わいも異なるお酒を試してみたくなるのはむしろ自然なことです。なぜ同じことが大麻でだけは起きないと言い切れるのでしょうか。

不正栽培された危険な大麻って何のこと?

「栽培事犯の増加」と「効き目がケタ違いに強い大麻の出現」が最近の大麻事犯の大きな特徴です。とりわけ栽培事犯はここ7～8年で急増していて、近年は麻薬取締部が検挙した大麻事犯のうち3割に上っていたと記憶しています。さらに言えば、栽培した形跡が疑われる者や、栽培に言及した者を含めると5割近くに及びます。

たとえば、2015年における栽培中の大麻草の押収量は約3700株でした。それが16年、17年に入ると2年連続で2万株に迫るまでに膨れ上がった。私の約40年に及ぶ麻薬取締官人生を振り返っても前例のない事態と言えます。麻薬取締部では、成熟した1株の大麻草から、使用可能な部分が最大500グラムほど採取可能と推計しています。つまり、押収した2万株が全て順調に成長すれば、計算上は約10トンの大麻が採取可能ということになるわけです。ジョイント1本の使用分は約0・5グラムなので、実に2000万回分に相当します。乾燥大麻1グラムの末端価格が平均5000円と考えた場合、単純計算で10トンでは500億円に上る。実際に使用されている大麻は、リーフ（葉）の部分ではなくバッズ（花穂部分）が大半を占めるため、採取量はそれよりも少なくなりますが、それでも優に100億円を超えるでしょう。

こうした点からも、大麻については密輸に依存することなく、日本国内の生産だけで十分に需要を賄える状況になりつつあるといえるのです。実際、かつてのように何百キロという規模の大型密輸は激減。その一方で、国内では大麻の屋内栽培が定着し、ネットや書籍で栽培技術を学んだ者が、押し入れやクローゼットを改造して大麻栽培に精を出している現実があります。ホームセンターで購入できる園芸用の器具・機材でも大麻栽培は可能で、最近ではネット上で栽培器具を販売しているケースも見受けられる。私たちが逮捕した販売業者のなかには、栽培方法を詳しく指南する者も含まれています。

種子についても品種改良されたものが市中に出回っていて、ベテランの栽培者になれば、太陽光の代わりにナトリウムランプを使って年に3、4回の収穫が可能です。

近年の大麻使用者は、乱用を続けるうちに大麻への興味が高まり、そのうち大麻栽培に手を染めて行きます。自分で栽培するようになると大麻に対する思いが一層深まるのか、手塩にかけた大麻が押収され、朽ち果てることにショックを受ける者も少なくありません。あたかも、盆栽やガーデニングに打ち込んでいるのに近い感覚で、罪を犯しているとの意識は感じられません。

一方、従来よりも「危険な大麻」も2015年頃から全国的に拡散されてきました。たとえば、同じ大麻草でも使用される部位がリーフ（葉）から、幻覚作用が強いバッズ（花穂部分）に変化しています。栽培される大麻も、海外で高濃度のTHC成分を含有するよう改良された品種ばかり。第1章でお話ししたように「ホワイトウィドウ」、「ブルーベリー」といったブランド名が付されています。大麻は一般的に、小さな葉が掌のように集まったリーフのイメージが強いと思います。ただ、私たち専門家の印象としては、リーフはもはや〝過去の遺物〟。栽培者たちはリーフを利用価値のないものとして廃棄しているのが実情です。

さらに、加工方法にも変化が見られます。その代表格は、大麻のＴＨＣ成分を抽出した「大麻ワックス（別名ＢＨＯ＝ブタン・ハニー・オイル）」や「大麻リキッド」と呼ばれる濃縮大麻でしょう。ＴＨＣの含有量は通常のバッズの５〜10倍。日本に自生する大麻の60倍以上というケタ違いの代物です。専用のヴェポライザーを使って吸煙するのですが、ごく少量でも強烈な効果が出ることから、使い方を誤れば麻薬や危険ドラッグに匹敵するほどの有害性を持ちます。また、チョコレートやクッキー、キャンディー、バターなどにＴＨＣを混ぜた「エディブルマリファナ（食用大麻）」も、主にアメリカから密輸されています。ラベルに〝Cannabis edibles THC 60mg〟などと記され、板チョコ１枚にマリファナ５〜10回分のＴＨＣが含まれている。経口摂取は吸煙と違って効果の発現に時間がかかるため、何も知らずに１枚を平らげると、食後しばらくしてから激しい幻覚に襲われて意識混濁に陥ってしまいます。知人のライターが海外取材の際に意図せず口にしたところ、すぐに意識を失って救急搬送されました。２０１４年にはアメリカのコロラド州で大麻クッキーを食べた男性が死亡しており、19年には日本でも大麻チョコレートを食べた男女７人が救急搬送された事例があります。

また、２０２１年７〜９月にかけて、アメリカ・コネチカット州でオピオイドの一種である「フェンタニル」が混ぜられた大麻が確認されました。大麻使用者がオピオイドの過剰摂取の症状（呼吸困難）を訴えたことから事態が発覚。その後、同様の事例が40件近く報告されています。

フェンタニルはヘロインの50倍以上、モルヒネに換算すると100倍以上の鎮静・抑制効果を有しています。致死量は2ミリグラム（塩20粒分）。多くの誘導体（※基本構造は同じで小部分が変化してできた化合物）が存在し、麻酔薬に使われているレミフェンタニルならヘロインの約1000倍、モルヒネの2000倍以上の強度を持っています。本書の「はじめに」で〈ヘロインは死ぬかも。フェンタニルは死ぬ〉と紹介したように、摂取量を間違えば呼吸困難で即死に至ります。かねてよりアメリカでは、フェンタニルが混ぜられたヘロインやコカインが密売され、それを知らずに摂取した人々が死亡するケースが大変な社会問題になっていました。「いつか大麻にも混ぜられるのでは」と懸念していたのですが、まさに現実のものとなりました。密造者たちは大麻の抑制効果を強化する目的でフェンタニルを混入したのでしょう。大麻は他の規制薬物と違い、正規品でも不正品でも容易に手に入れることができます。つまり、大麻は犯罪組織にとって金を生むために利用しやすい薬物なのです。

合法化した国で大麻絡みの事故が増えているのは本当？

２０１２年に大麻を合法化したアメリカのコロラド州では、大麻摂取による救急搬送が著しく増えています。12年に１１０件だったものが、18年には２・４倍の２６５件に。また、０～８歳児の大麻誤摂取による救急搬送数は、12年の16件が、18年には５・５倍の89件に急増しました。

同じく、検挙者数も違法販売がその5年間で4倍、違法栽培は１・５倍を記録しています。青少年の検挙者も増え続け、公共の場で違法な大麻を使用するなどの問題も発生しています。18年に合法化に踏み切ったカナダもそうした事態に頭を悩ませており、カナダ政府は、大麻の健康への影響（短期的・長期的な影響、妊婦・新生児への影響など）について、ホームページ上で積極的に情報発信して対策の強化に努めています。知人のカナダのエージェントは、「依然として密造大麻が市中に出回っている。安い値段に惹かれて手を出す若者たちが後を絶たない」と漏らしていました。

「ネット密売」のもたらすトラブルって何？

ネット密売の受け渡し方法に〝手押し（配達）〟や〝郵送〟があることは、すでにお話しした通りです。最近の密売人は素人も多く、また、最初から詐欺を目的としているケースもあるため、様々なトラブルが発生しています。

詐欺の実態としては〈ブランド大麻を注文したが、密売人から受け取った大麻は、小枝ばかりで使いものにならない〉、〈MDMAカプセルを注文したら、カプセル状の風邪薬が届いた〉などといった被害情報が見受けられます。とはいえ、客側も違法薬物を取引しているわけなので、公に訴え出ることはできません。要は、客側の弱みにつけ込んだ詐欺なのです。

反対に、客側が密売人を騙すこともあります。客から代金の入った封筒を受け取ったものの、後で確認したら1万円ではなく1000円しか入っていなかった、と。手押しでブツを受け取るや、代金を支払わずに猛ダッシュで逃走する引ったくりのような客もいれば、なかにはタタキ（強盗）を働く者まで。覚醒剤を配達に行った先で暴行された上、覚醒剤と現金を奪われてしまったとしても、薬物取引では警察に届け出ることもできないので、彼らは泣き寝入りするしかありません。

２０２０年12月には、横浜市内で大麻密売人の男が客を装った未成年者６人組に襲われて３か月の重傷を負っています。強盗殺人未遂容疑で逮捕された少年たちは、もともとこの密売人から大麻を買っていたのです。ちなみに、襲われた密売人も大麻約70グラムを所持しており、この件で有罪判決を受けています。また、21年２月には、暴力団組員ら４人が、大麻と覚醒剤を密売していた10代の少年を監禁して、沖縄県警に逮捕されました。暴力団組員は少年たちから〝みかじめ料〟を取ろうと考え、それを拒まれたことで事件に発展したのです。

ネット密売に絡む事件では、客も密売人も共に犯罪の〝被害者〟になっています。私が取締官として駆け出しの頃は、暴力団傘下の〝覚醒剤密売所〟に、敵対する暴力団組織が奇襲をかけてブツや売上金を強奪する事件が多発していました。ところが、現在では少年たちが似たような事件を起こしているわけです。薬物は、多様な犯罪の温床になり、〝立場や年齢に関係なく誰もが被害者にも加害者にもなり得る〟。この点を理解してもらいたいと思います。

新型コロナは薬物の乱用や密売に影響している？

新型コロナの感染拡大が薬物の乱用や、密造・密売に世界レベルで影響をおよぼしているのは間違いありません。国境や州境の封鎖、外出禁止令、経済悪化などによって、世界中の人々がストレスや孤独を抱えたり、焦燥感、不安に駆られたりするなか、乱用者の薬物使用頻度が増加傾向にあるのは事実です。アメリカでは減少傾向にあったオピオイド等の過剰摂取による死亡者がじりじりと増加し始め、全米各地でロックダウンが相次いだ２０２０年には、過去最高の９万３３３１人が命を落としています。

日本国内に目を転じると、私が関与する「日本薬物問題研究所」にも、〈自宅待機が長引いたせいで息子の様子がおかしい。大学にもバイトにも行けず、精神的に追い詰められて大麻に手を出したようだ。どうすればいいでしょうか〉とか〈コロナの影響で失業した。イライラした気持ちを収めるために、ずっとやめていた覚醒剤を使ってしまった〉という相談が数多く寄せられています。

一方で、〝退屈〟から薬物に手を出すケースも散見されます。２０２０年10月、いくつかの大学の名門運動部で大麻使用が発覚し、大きく報じられたことはご記憶の方も多いのではないでしょうか。事情聴取された学生たちのなかには、動機について「コロナで暇だったから」と述べた者もいたそうです。おそらく、新型コロナの影響で運動部の練習ができず、身体と時間を持て余したのでしょう。他にも、「3密（密閉、密集、密接）」対策や外出自粛の影響で、依存症回復施設ではミーティングが開催できず、通所者に大きなダメージを与えたという話も耳にします。

一方で、薬物の「流通」にも影響が生じています。世界各国で密造された薬物や、その原料は人、貨物、郵便を介して陸路、空路、海路を織り交ぜながら目的地に運ばれます。ところが、20年4月頃からこの流通過程に障害が出ており、一部の国では薬物の品薄や価格高騰が発生し、日本国内でも覚醒剤の末端価格が僅かに上昇した時期がありました。反対に、ネット上の密売広告は増加傾向にあって、私の調査では20年4月と21年4月を比較すると〝ほぼ倍増〟。新型コロナの感染拡大という社会不安が、薬物の乱用や密売に影響を及ぼしている現実があるのです。

薬物は子どもの小遣いでも買える？

多くの場合、大麻は「1グラム＝5000〜7000円」で購入できます。これはジョイントで使用する場合、2〜3回分の使用量にあたります。大麻リキッドの場合は1

ミリリットル（カートリッジ入り）で2万〜2万5000円、初心者の場合は5回分以上の使用量です。覚醒剤は最高値で1グラム＝6万円程度、ネットでは約0・2〜0・3グラムが1万円ほどで売られており、こちらは6〜7回分に相当します。

ＭＤＭＡのカプセル1錠や、ＬＳＤ（紙片）1枚はどちらも3000〜7000円程度で、コカインは1グラム＝3万〜5万円です。日本国内に出回っているコカインは純度が低いので1グラムでも5〜10回分位にしかなりません。しかも、コカインは作用時間が短いため乱用者は1日に何度も手を出してしまい、あっと言う間に使い切ってしまうという特徴があります。

正直なところ、スマホを使っている高校生であれば、いずれの薬物も購入可能な額。中学生でも買えてしまうでしょう。

大麻取締法にはなぜ〝使用罪〟がないの？

ご指摘のとおり、大麻取締法は所持罪のみで、使用罪は規定されていません。その理由を解説するために、日本の大麻規制が辿った少し複雑な経緯に触れさせてください。

終戦直後の「ポツダム命令（※1945年の『ポツダム宣言ノ受諾ニ伴ヒ発スル命令

ニ関スル件』の通称）」に基づき、ＧＨＱは、日本のアサ（大麻）を麻薬に指定し、農業としての大麻栽培を含めてすべてを禁止すると発表しました。これを受けて国は、大麻の栽培、輸入、使用などを禁ずる厚生省令第46号「麻薬原料植物ノ栽培、麻薬ノ製造、輸入及輸出等禁止ニ関スル件」を発令することになります。ところが、日本には戦前から多くの大麻栽培農家が存在し、アサ繊維を採取していました。敗戦後、いきなり栽培を禁止されると農家は立ちゆかなくなります。衣料原料としてのアサ繊維も必要であったため、国はＧＨＱと折衝を重ねながら、47年に繊維原料の採取のための大麻草栽培を認める「大麻取締規則」の制定にこぎ着けました。翌48年には、これを整備して「大麻取締法」が制定されています。その際、法律で〝使用〟の禁止規定を除外しています。農作業中に大麻成分を吸引する、いわゆる〝アサ酔い〟が起こりえたことから、〝使用〟を処罰の対象から排除し、栽培者の生産意欲低下を招かないよう配慮をしたとされています。その後、繊維原料とは無関係に大麻の乱用が徐々に広がって現在に至りますが、その間、日本の国会で〝なぜ大麻には使用罪がないのか〟という質問があったのは事実です。しかし、国はアサ酔いや、間接吸引（※密室等で第三者が大麻を吸煙した場合、その煙を吸い込むこと）の可能性を理由として、これまで法改正には踏み切りませんでした。

今後、〝使用罪〟が創設される可能性はあるの？

はい、あります。２０２１年1月、厚生労働省は以下に挙げる理由から「大麻等の薬物対策のあり方検討会」を立ち上げています。

・日本は薬物対策に高い成果をあげてきている。

・一方で、大麻事犯が増加傾向にあり、若年層における大麻乱用が急増。再犯率が増加するとともに大麻ワックスなど、人体への影響が高い多様な大麻製品の流通が拡大している。

・また、医療技術の進展等を踏まえて、諸外国において大麻を使用した医薬品が上市され、国連麻薬委員会においても大麻の医療用途などへの活用に向けた議論が進められている。

・このような社会状況の変化や国際的な動向等も踏まえつつ、今後の薬物対策のあり方を議論するため検討会を設置する。

実際、薬学、医学、法学の有識者にメディア、薬物依存症からの回復支援施設、製薬メーカーの関係者及び自治体職員らが委員となって、21年6月までに計8回の会議が開かれました。そして、この場で大麻使用に関する罰則、つまり〝使用罪の創設〟についても議論がなされたのです。この会議の内容は、厚生労働省が発表した「大麻等の薬物対策のあり方検討会とりまとめ～今後の大麻等の薬物対策のあり方に関する基本的な方向について～（以下、とりまとめ）」に記されています。とりまとめは、今後の大麻取締法の改正に活用されるので要点を紹介しましょう。

①成分に着目した規制

現行の大麻取締法における大麻草の部位による規制について、有害な精神作用を示す成分（THC）に着目した規制に見直すことが適当である。

②大麻から製造された医薬品の施用に関する見直し

現行の麻薬及び向精神薬取締法に規定される免許制度等の流通管理の仕組みの導入を前提として、大麻を原料とした医薬品の製造や施用を可能とすべきである。

③大麻の「使用」に対する罰則（必要性）

法制定時に「使用」に対する罰則を設けなかった理由である「アサ酔い」は現状確認されず、大麻から製造された医薬品の施用を可能とすると、不正使用の取り締まりや他の薬物法規との整合性の観点から、大麻の使用に対し罰則を科さない合理的な理由は見出し難い。また、使用に対する罰則が規定されていないことが、「大麻を使用してもよい」というメッセージと受け止められかねない状況にあることから、他の薬物法規と同様、大麻の使用に対し罰則を科すことが必要である。

つまり、今後は大麻の幻覚成分であるＴＨＣに着目する方向で、大麻取締法の改正が進められ、大麻から製造された医薬品の製造や使用が可能となる。それに加えて、〝使用罪〟が創設される可能性があるということです（現在、厚生労働省が法改正に向けて検討中）。ちなみに、アサ酔いに関しては、大麻栽培の農家に協力を求め、作業後の尿検査を実施したところ、大麻成分代謝物は検出されなかったことが確認されています。

私は、この検討会のとりまとめは大きな進歩だと感じています。

繰り返し述べてきた通り、大麻乱用における最大の問題はＴＨＣです。これに着目した規制でなければ意味がありません。一方で、大麻が医薬品としての可能性を秘めているのならば積極的に研究すべきです。戦前は日本でも「印度大麻（※インド産の大麻草。ＴＨＣ成分を多く含む）」から製造した医薬品が、鎮痛剤などとして使われていた事実もあります。さらに、使用罪の創設は２０１２～14年にかけて多くの死傷者を出した危険ドラッグの例を思い起こすと、大きな抑止力になると思います。危険ドラッグは〝合法ハーブ〟などと呼ばれ、猛烈な勢いで日本全土に蔓延しました。「ハーブ屋」と称する街頭店舗が安価で販売。それを吸煙して急性中毒に陥った使用者が奇声を上げ、涎を垂らしながら暴走運転に及び、多くの一般人を死傷させました。使用者にも大勢の死者が出ています。事態を重く見た政府はあらゆる対策を講じますが、その対策のひとつが〝使用罪の導入〟でした。それまで危機感なくハーブを吸引していた若者たちの意識が、使用罪の導入で明らかに変化しました。現場で昼夜を徹して危険ドラッグと戦っていた私たち麻薬取締官は、これをはっきりと体感しています。

近年の嗜好用大麻はＴＨＣの高濃度化が進んでいます。大麻リキッドや大麻ワックスが出回っていることはお話ししたとおりですが、いま、アメリカでは「THC-A Crystalline（クリスタライン）」と呼ばれる、大麻リキッドを遥かに凌ぐ大麻成分濃縮物が出現しています。「THC-A とはＴＨＣになる前の物質（前駆物質）「THC-Acid（アシッド＝酸）」の略称で、熱を加えると容易にＴＨＣへと変化する。日本では「ＴＨＣ結晶」や「ダイヤモンド」とも呼ばれ、多くは白色の結晶で、覚醒剤と見紛うほどです。なかには、ＴＨＣ換算量が「99・９％」と言われるものもあり、こうなるともはや危険ドラッグの主たる成分だった合成カンナビノイドと大差ありません。合成カンナビノイドには多くの種類がありますが、作用は大麻に酷似しており、海外では「synthetic marijuana（合成マリファナ）」と呼ばれています。大麻の100倍、なかには300倍の強度を有するものまでありました。これが日本をはじめ世界各国でハーブに混ぜられて販売されていたのです。悲惨な事件・事故が発生することは容易に想像できます。

現在の大麻は、危険ドラッグや麻薬に進化していると言っていいでしょう。このままだと今以上に事故が発生することは間違いありません。それを防ぐためにも使用罪の創設は理に適っているのではないでしょうか。

使用罪の創設に反対意見はなかった？

もちろん、ありました。とりまとめによれば〈大麻を使用した者を刑罰により罰することは、大麻を使用した者が一層周囲の者に相談しづらくなり、孤立を深め、スティグマ（偏見）を助長するおそれがある〉といったものや、〈大麻の乱用者に対しては、刑事罰を科す前に、犯罪者としないように刑事手続から外す一方で教育プログラムや治療プログラムへの参加等を義務付ける刑事政策（ダイバージョン）の導入も検討すべきである〉といった意見も出ています。こうした見解には頷ける部分も多々あります。大麻に限ったことではなく、薬物乱用者や依存者に対する偏見が消えないのも事実です。とはいえ、これまで述べてきたように、いまの時代は特に誰もが乱用者や依存者になる可能性がある。市販薬や処方薬の依存者も増加し、乱用者の年齢も低下しています。薬物依存症は精神保健福祉法に規定された歴《れっき》とした病気に他なりません。糖尿病などと同じ「慢性疾患」なのです。この点をしっかり理解して、社会全体が依存者に対する偏見をなくさなければなりません。と同時に、薬物依存症の治療を含めた再乱用防止策や社会復帰支援策をこれまで以上に強化する必要があります。これが進まなければ、たとえ使用罪を設けようと薬物犯罪や乱用は永遠になくなりません。その上で、時代に即した新しい刑事制度を常に検討して行く。これが重要ではないでしょうか。

アメリカには「ドラッグコート」と呼ばれる薬物専門の裁判制度があります。検挙された薬物常習者に刑罰を科す前に、裁判官が薬物からの離脱・治療を促すわけです。これに応じて依存症から回復し、社会復帰が認められた使用者には刑罰を科さないという制度です。諸々の条件はありますが、こういった制度を研究して、将来に備えることが必要ではないかと私は思っています。

合法化は「自由化」ではない

ネット上を中心に、「大麻合法化は世界の潮流だ」という情報が拡散しています。あたかも大麻の安全性が世界で認められ、自由化されたとの印象を受けてしまいます。

しかし、これは大きな間違いです。大麻で有名なオランダやカナダであっても、大麻の売買や所持は規制しています。国連の麻薬に関する単一条約には、180か国以上が加盟し、オランダもカナダも加盟国です。各国は条約を受けて法整備し、実情にあった規制の制度をとっているのです。少量の所持などは非犯罪化する国もありますが、その理由は各国の薬物事情と諸々の問題に対する考え方の違いによります。合法化は決して、自由化ではないのです。アメリカでも大麻を連邦法で厳しく規制しています。ところが、個人の所持・使用にかかわる細かな点は州法に任せている。自治に関する考えが徹底したアメリカだからこれができるのです。その一方で、密輸・密売等の犯罪組織が関与する大麻事犯には国も州も厳格な態度で臨んでいます。合法化を進めている国であっても取り締まりは徹底している。そして、大麻の医療や産業用目的の利用と、乱用は別次元の話である。こうした点を理解してほしいと思います。

薬物は「自分事」――あとがきに代えて

まん延防止等重点措置が全国的に解除された2022年3月下旬、知人の薬物乱用防止講師を介して大阪在住の40代の母親（医療従事者）から、次のような相談を受けました。

高校1年生のひとり娘・莉子（16歳）が、昨年秋から無断外泊を繰り返している。いつもは1～2日で戻ってくるものの、今回はもう1週間になるという。幼なじみの芽依さんのお宅に泊まっていると思っていたが、彼女に連絡すると、こう告げられたという。

「あっ、おばちゃん！　こないだ莉子がツイッターで知り合った大学生に会うというから一緒にグリ下《した》（後述）に行ってん。そこで莉子は瑛太とかいう茶髪の男と落ち合って、そのまま意気投合してどっかに消えてしもうたんよ。〝莉子、あかん、やめとき！〟って止めたんやけど、聞いてくれへんかった。おばちゃん、莉子やばいかもしれん。一昨日の夜、莉子から電話があったんやけど、まだ瑛太のアパートにいるらしいわ。〝野菜〟

をやったと言うてたし、もう家には帰らへんって……」

母親はこの話に驚愕して警察に届けようとします。ただ、もしクスリをやっていれば娘が逮捕されてしまう。せっかく入った私学も退学になる。決心がつかず、単身赴任中の夫に電話で相談しますが、「生活費は送ってるだろ。おまえがちゃんとやれよ、親権がほしいんだろ」と言うばかりでまともに取り合ってくれません。実は、夫婦は離婚調停中で、すでに関係は破綻しているとのことでした。母親が続けます。

「莉子のスマホは留守電になっていますし、メールもＬＩＮＥも返信がありません。男に何かされたり、クスリに嵌っていたらと思うと不安でなりません。学校には体調不良で休ませると伝えています。娘は純粋で真面目な子なんです。どうしたらいいでしょうか？」

「グリ下《した》」とは、大阪・ミナミの道頓堀川にかかる戎橋《えびすばし》下の遊歩道界隈を指し、10代の子どもたちの溜まり場になっています。橋の脇にある〝グリコ看板〟にちなみ、そう呼ばれるようになりました。最近では、違法行為や性被害などに巻き込まれる危険性のある場所としてマスコミにも取り上げられていますが、一方で居場所のない少年少女にとっては友達が作れる場所として定着しているようです。東京・新宿歌舞伎町の「トー横

（TOHOシネマズ新宿横の通路）」の大阪版と思ってください。

私は母親に「まずは人命第一だ。すぐに警察へ捜索願を出すように」と強く伝えました。その上で、母親と、青少年問題に詳しい知人の3人でグリ下へと出向きました。

時間は午後8時過ぎ。現場には東南アジア系の若者が屯し、ビールを飲みながら大騒ぎしていました。グリ下から少し離れたベンチにスマホをいじっている少女たちが何人かいたので話を聞いてみました。いずれも15〜17歳の子どもたちです。

「グリ下にはときどき来るくらい。友達がおるから楽しいけど、最近は外国人が多いんで、みんな敬遠してるんちゃうかな」

彼女たちに莉子さんの写真を見せます。

「見たことあるなぁ……。でも、名前は知らへん。アカウントも聞いてないわ」

彼女たちと話していると何とも言えない無力感に囚われました。ごく普通の子どもたちです。元捜査官の立場で言えば〝うぶ〟過ぎる。いずれ彼女たちが、薬物や性犯罪者の餌食にならないか、心配になりました。

その後も母親は繰り返しLINEや電話で莉子さんへの連絡を続けました。

すると、それから2日後の夜、莉子さんは芽依さんに連れられて自宅に戻ってきたのです。母親は莉子さんに謝ったそうです。

「ごめんな、お父さんとの離婚話がこじれて、いつもあんたに八つ当たりしてた。仕事を優先してあんたを放っておいたし、進学の相談もいい加減やったな。〝出てけ！〟なんて心にもないことを言ってしまった。ごめんな、ごめんな。本当はあんたが一番大切なんよ」

莉子さんもこれに応えます。

「お父さんの浮気で家族が崩壊して、お母さんまで辛く当たってきたから悲しかった。そんなとき、SNSで知り合った瑛太に愚痴をこぼしたら〝気持ちは痛いほど分かるわ。俺もそうやったから。話ならいつでも聞くから出てこいや。グリ下に来たら連絡してくれ〟って。グリ下には、親から殴られた子も沢山おった。瑛太は大学生と言うてて、ミナミで遊んでるグループのリーダー格やった。イケメンで優しかったからすぐに付き合い始めた。家出している間、瑛太のアパートに泊めてもらったんやけど……。お母さん、私がどうかしてたわ。もう大丈夫やから。心配かけてごめんな」

母親は莉子さんの言葉を聞いて安堵すると同時に、ある胸騒ぎを覚えます。そして、クスリのことを尋ねました。

「変なこと、怖いことされてへんよね？　流行りの大麻とかやってへん？　ほんまに大丈夫？　お母さんに全部話してくれへんか」

最初こそはぐらかしていた莉子さんですが、母親の真剣な気持ちが伝わったのでしょう。そのうちすべてを打ち明けました。

「〝野菜〟を何度か勧められて吸ったわ……。自暴自棄になっていたんで、抵抗はなかった。吸うと妙に落ち着いて、嫌なことを忘れられたしな。瑛太は他にもカラフルなクスリをいくつも持っとった。それで、今日の夕方、20歳くらいの派手目な女が訪ねてきてな。こいつが瑛太の本当のカノジョだとわかった。そしたら、瑛太の態度が一変したんよ。〝おまえ、金持ってへんのやろ、着替えもないやんか。いまからバイトせえよ、この姉さんが仕事紹介するから。野菜代も返してもらいたいしな。それに、おまえはもう共犯やで〟と詰め寄られて……。私は〝騙された、売春させられる〟って怖くなって、瑛太を振り払ってアパートを飛び出したんや。それから、芽依に電話して難波駅まで迎えにきてもらったんよ」

莉子さんの話を聞いて、母親は自責の念に駆られるとともに、いまの子どもたちを取り巻く危険な環境をはじめて実感したと言います。

これは、SNSを利用して女性を陥れる典型的な手口です。瑛太はSNSで女性を呼び出し、またはグリ下に集まる少女たちを騙して、売春紛いのことをさせていたのでしょう。薬物の密売をしている可能性もあります。

私は一連の話を警察に説明すること、また、性感染症の疑いもあるので、早急に病院で検査を受けることを母親に強く勧めました。その後、母親から連絡をもらっています。

「お陰様で感染症はなく、妊娠も大丈夫だと思います。他に怪我などはありません。自宅で療養させていますが、娘が絶対に嫌だというので警察にはまだ……」

母親は警察への通報をためらっています。気持ちは十分に分かりますが、このままでは本質的な解決になりません。瑛太のような輩は逮捕する必要があります。私が莉子さんから事情聴取し、捜査機関に情報提供しようと考えているところです。

余談になりますが、母親から興味深い話を聞きました。彼女は若い頃、ある俳優の熱狂的なファンで追っかけまでやっていたそうです。20年ほど前のことですが、その俳優の大阪公演が決定し、彼女はチケットを買って心待ちに。ところが、俳優は来阪してまもなく薬物事件で麻薬取締官に逮捕されたのです。世間は大騒ぎになり、盛んにマスコミが報じました。彼女は腹が立って「釈放してよ。たかがクスリでしょ、チケット倍額で引き取れ」と何度も麻薬取締部へ電話して怒鳴ったそうです。

20年前といえば、私は大阪（近畿）の麻薬取締部で捜査課長の職にありました。何人かの著名人を逮捕したことがあり、その俳優も含まれます。とても純粋で穏やかな若者だったので未だに記憶しています。芸能人を逮捕すると多くのマスコミが取締部の事務所に押し寄せ、苦情電話も鳴りやみません。彼女がそのひとりだったのか、と不思議な縁を感じました。

「あの頃はクスリなんかどうでもよかった。たいしたことないと思っていました。でも、20年後になって、自分の娘がクスリを使ったと聞いた瞬間、身体に震えが走りました。問題をわが子に置き換えてはじめて恐ろしさを実感したんです」

この言葉です、私が皆さんに伝えたかったのは。自分の子どもや大切な人が被害に遭う。薬物事件は遠い存在のように思われがちですが、〝自分事〟として捉えたときに、初めて危機意識や問題意識が高まるのです。

２０２２年3月1日深夜、大阪府寝屋川市の美容室前で専門学校に通う男性（当時20歳）が、自称アーティストの男（当時20歳）と少年２人に刃物で殺害され、バッグが奪われる事件が発生しました。被害者の専門学校生はＳＮＳ上の大麻密売人。容疑者グループはその客でした。容疑者は当初から大麻と現金を奪うつもりでブツを注文。待ち合わせ場所のコンビニに男性が到着したのを確認してから、人目につかない場所に誘導して犯行に及んでいます。

21年3月27日には神奈川県鎌倉市で、これもSNS上の大麻密売人（当時18歳）から路上で大麻を受け取った後、代金を支払わずに車で逃走した男（当時21歳）を密売人の少年が車で追いかけましたが、逆に複数回刺されて死亡しました。

一方、20年9月13日には兵庫県明石市でLSDを使用した少年（当時18歳）が、自宅で同居する義母（当時42歳）の顔を包丁で刺し、数回殴って死亡させる事件が起きています。神戸家裁はLSDの影響で心神耗弱状態だったとしたものの、「自ら積極的に違法薬物を使用したことが招いたもので、少年に対する非難を特段減少させるものではない」と指摘。〝動機は不明〟として、神戸地検へ逆送（事件送致）しています。

いずれも言葉を失うようなショッキングな事件です。加害者も被害者も凡《およ》そ20歳以下の若者たち。薬物の取引や、安直な使用が凶悪事件に発展している。子どもたちを巡る薬物事件が、新しいフェーズに入ったとの印象を受けます。売る側も、買う側も、傷つくのも、凶悪犯罪に走るのも、すべて素人の若者たちです。

覚醒剤をはじめとする薬物の密売は、長い間、暴力団や外国人グループの生業《なりわい》でした。そして、凶行に及ぶのは覚醒剤を長年使用し、妄想に駆られた慢性中毒の中年男と相場が決まっていた。ところが、この構図は危険ドラッグが蔓延し始めた２０１２年初頭から急速に変化します。どんな薬物も容易《たやす》く手に入る環境が生まれ、「使用者」と「密売人」の境がなくなってきた。なんの危機感も持たずに多種類の薬物を摂取し、なんの抵抗もなく密売を始める一部の若者の刹那的な行動が死傷事件を誘発しているのです。

こんな馬鹿げた、そして嘆かわしい話はありません。第６章の川上さんや秋山さんの言葉が改めて胸に沁みます。読者の皆さん。いま私たちに求められるのは、子どもたちを守ることです。本書との出会いを契機に、薬物やスマホ問題を改めて身内の問題として考えてください。「わが子に限って……」はもはや通用しない時代です。子どもたちを被害者にも加害者にもしてはなりません。

本書をまとめるにあたっては、危険ドラッグの事故でお子さんを亡くされた川上哲義さん、秋山隆志さん・裕紀子さんご夫婦、亜紀さんほか相談者の皆さん、危険ドラッグの撲滅に尽力される猪俣由宇さんをはじめ、国際ロータリー第２６６０地区の皆さん、そして、京都大学大学院の金子周司教授に、多大なるご支援とご協力を賜りました。心から謝意を表する次第です。皆さんの声を代弁して世間に届ける意味も込めて本書を書き上げました。力及ばずのところもあると思いますが、その点はご容赦ください。
末尾になりますが、新潮社「デイリー新潮」編集部次長佐藤大介さんには、並々ならぬご尽力を頂いております。

瀬戸晴海

2022年5月

瀬戸晴海　1956年、福岡県生まれ。明治薬科大学卒業。80年に厚生省麻薬取締官事務所（当時）入所。関東信越厚生局麻薬取締部部長などを歴任。2018年３月に退官。著書に『マトリ』。

Ⓢ新潮新書

957

スマホで薬物《やくぶつ》を買《か》う子《こ》どもたち

著　者　瀬戸《せと》晴海《はるうみ》

2022年7月20日　発行

発行者　佐　藤　隆　信

発行所　株式会社 新潮社

〒162-8711　東京都新宿区矢来町71番地
編集部(03)3266-5430　読者係(03)3266-5111
https://www.shinchosha.co.jp

装幀　新潮社装幀室

印刷所　株式会社光邦

製本所　株式会社大進堂

ISBN978-4-10-610957-7 C0236